跟北大考古人一起"穿越"

北京大学中国考古学研究中心
北京大学公众考古与艺术中心 编

北京大学出版社
PEKING UNIVERSITY PRESS

图书在版编目（CIP）数据

跟北大考古人一起"穿越"/北京大学中国考古学研究中心，北京大学公众考古与艺术中心编．—北京：北京大学出版社，2013.8
ISBN 978-7-301-22501-1

Ⅰ.①跟… Ⅱ.①北… ②北… Ⅲ.①中学生—考古—野营（军事体育）—概况—中国 Ⅳ.① K85 ② G873

中国版本图书馆 CIP 数据核字（2013）第 094716 号

书　　名：跟北大考古人一起"穿越"
著作责任者：北京大学中国考古学研究中心 北京大学公众考古与艺术中心 编
责 任 编 辑：姜贞
标 准 书 号：ISBN 978-7-301-22501-1/K · 0957
出 版 发 行：北京大学出版社
地　　址：北京市海淀区成府路 205 号 100871
网　　址：http://www.pup.cn　新浪官方微博：@北京大学出版社 @培文图书
电子信箱：zpup@pup.cn
电　　话：邮购部 62752015　　发行部 62750672
　　　　　编辑部 62750112　　出版部 62754962
印 刷 者：三河市国新印装有限公司
经 销 者：新华书店
　　　　　660 毫米 ×960 毫米　16 开本　18.25 印张　222 千字
　　　　　2013 年 8 月第 1 版　2013 年 8 月第 1 次印刷
定　　价：56.00 元

未经许可，不得以任何方式复制或抄袭本书之部分或全部内容。
版权所有，侵权必究
举报电话：010-62752024　电子信箱：fd@pup.pku.edu.cn

第一届夏令营于2008年7月20日在西北大学考古文博学院大门前合影。

第二届夏令营于2009年7月20日在山西省博物院外合影。

第三届夏令营全体师生于2010年7月19日在浙江省良渚博物院前合影。

第四届夏令营（北京—河南线）于2011年7月17日在北京大学图书馆东门前合影。

第四届夏令营（浙江线）于2011年7月31日在浙江良渚博物院外合影。

第五届夏令营（浙江线）于2012年7月29日在浙江省良渚博物院前合影。

第五届夏令营(四川线)于2012年7月15日在四川省广汉三星堆遗址前合影。

目录

写在前面的几句话 徐天进 /11

江山留胜迹，我辈复登临

读万卷书行万里路：和考古人一起去考古 /15
无字书中寻历史：考古的田野调查与发掘 /17
庙堂之上鉴古今：中国古代建筑之旅 /23
陵寝古墓探幽情：古代墓葬探索 /27
石窟精华日月长：佛教石窟寺考古的足迹 /31
器物之上行大道：中国古代玉器与青铜器 /35
冰瓷金缕胜琉璃：中国古代陶瓷 /39
万花筒中现真彩：博物馆中的故事 /42

行人欲问当年事

漫追陈迹——行程篇 /52
载歌载行——诗词篇 /104
驰心千载——思考篇 /119

千载有余情：老师的收获
  历史教师心得 /187
  带队老师感言 /194

鹤鸣燕园：北大学习生活
  初入燕园 /225
  漫漫征途 /238

附录
  五届全国中学生考古夏令营行程 /259
  五届全国中学生考古夏令营营员名单 266

写在前面的几句话

从 2008 年举办第一届全国高中生考古夏令营，不觉之间已经连续举办了五届。期间共有 820 名中学生参加，他们分别来自 27 个省区的 288 所中学。通过这项活动，越来越多的中学生们开始了解考古、理解考古，甚而投身考古。为了纪念这项有意义的活动，夏令营的参与者们共同完成了这本小书。

书中的内容由带队辅导员、中学历史教师和夏令营营员的文字构成。其中最多的篇幅是小营员们的。他们通过考古夏令营的实践，从不同的角度表达了各自对考古学是什么，文化遗产的价值在哪里，文化遗产保护的现状及其对策等问题的看法。若从专业的眼光来看，这些文字或许还显得有些稚嫩，有些想法也满是天真，但是，他们以其特有的聪慧和认真的思考回答了自己提出的种种问题。从字里行间，我们不仅可以读到他们求知若渴的心情，也可以读到他们对文化遗产保护状况的忧虑，以及对保护文化遗产的自觉和热情，更令人欣喜的是让我们看到了中国考古学未来发展的希望和文化遗产保护、传承的将来。

我们举办考古夏令营的初衷、很重要的一个目的是为了选拔北京大学考古文博专业自主招生的对象，而从最后的效果来看，这样的目的似乎变得不再重要了。重要的是我们为广大的青少年搭建了一座亲近历史、了解过去的桥梁，提供了一条走进考古、感受文化遗产魅力的途径。

考古夏令营只是一个开端。为了让更多的青少年们能够有机会接触考古，亲近历史，汲取丰富的传统文化滋养，中心正在实施"考古进校园计划"，并已经帮助若干中学成立了学生的考古爱好者社团。希望考古的活动变成中学生们日常生活、学习的一部分。

考古夏令营的成功举办，离不开大家的支持和帮助。恕我不能在这里一一列出需要感谢者的芳名。首先要感谢的是积极参与活动的中学生和他们的老师，他们对考古知识的渴求，对保护文化遗产的热情和活动之后所获得的那份满足，使我们从另一个方面感受到了考古学存在的必要和价值；还要特别感谢我们所到之处的同行们，没有他们无私的支持和全力的帮助，夏令营就不可能有今天的精彩；感谢北京大学考古文博学院的师生，因为他们对考古学的挚爱和保护文化遗产的强烈责任，主动放弃了宝贵的研究、学习和休息的时间，在炎炎夏日下陪同营员们一同完成了一次次的考古之旅。

保护文化遗产是我们共同的责任，共享文化遗产是大家应有的权利。为使珍贵的文化遗产得到应有的、更好的保护，为使我们的社会能够在良好的文化记忆中得到永续健康的发展，让我们携起手来，共同努力！

北京大学中国考古学研究中心主任　徐天进

2013.7.10　第六届全国高中生考古夏令营开营之际

江山留胜迹，我辈复登临

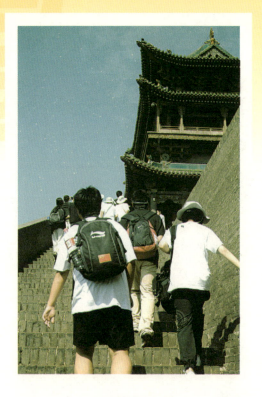

图1-1 2009年山西平遥古城参观，领略古城风貌。

读万卷书行万里路：
和考古人一起去考古

图1-2 行走于田野之间，寻访古代遗迹，田野考古调查是田野考古的一个重要组成部分。

考古学，随着时代的发展与文化的传播其特有的探索性与神秘性在人们心中越发显得精彩与令人向往。《探索与发现》节目多次直击考古发掘的现场，《鉴宝》、《天下收藏》更是有着极高的收视率，《神话》、《夺宝奇兵》将考古学家的生活描述得惊险飘渺，《鬼吹灯》、《盗墓笔记》等小说也成为人们茶余饭后的热门话题……

可是，真正的考古是什么？考古学家又有着怎样与众不同的生活方式？如何抵抗越来越猖獗的盗掘活动？作为考古工作者，我们有责任去保护祖先留下的、属于人类大众的文化遗产；有责任让文物保护的思想融入这些后世子孙的血液中。文物保护是我们研究所提的重点，考古学家应该走出书庐和实验室，向社会进行真正的考古科普教育。我们觉得，让青少年认识考古，认识历史遗存的重要性与宝贵性，更是长期而有效的。

2008、2009、2010、2011年和2012年暑期，北京大学考古文博学院和北京大学公众考古与艺术中心，在北京大学招生办公室和各地考古文博机构的支持下，连续举办了五届全国中

江山留胜迹，我辈复登临

图1-3　田野考古基本工具——手铲。

学生考古夏令营，全国十几个省近千百名中学生和数十位中学历史老师参加了夏令营。

　　借此时机，孩子们走进考古库房，近距离接触曾经在地底下沉睡千年的文物遗存，复原古代生活的真实片段；一起走进考古现场，俯视排列规整、气势恢宏的西周"装甲车阵"，以及数万年前的丁村遗址；也有机会深入地底，穿过阴冷的土洞小道进入雕刻精美、布局讲究的古墓内部，亲身体会我国古人"事死如生"的葬俗理念；还攀登那历经千年仍旧残存着夯土台基的高台建筑遗址，居高临下，放眼四野，回想古代都市繁华的光景，领略春秋战国时期诸侯争霸、一统天下的王侯霸气。我们走进唐宋以来的皇家庙宇、地方寺观，考察古代木结构建筑的精湛工艺和中国特有的建筑规划思想；我们还让同学们看了石窟寺中残首断臂的佛像和遗址中被洗劫一空的古代墓葬，讲述中国盗墓的历史与现状，给大家以危机感和责任感。当然，我们还让他们实地调查，亲自发掘，过把考古瘾，体验考古生活的酸甜苦辣。

无字书中寻历史：
考古的田野调查与发掘

图1-4 在丁村遗址附近，山西省文物考古研究所的王益人老师讲解黄土堆积情况。

考古学家之所以被称为考古学家，与为了发财乱挖乱炸古人地盘的盗墓贼之流有着天壤之别。这不仅体现在道德与境界层面，更体现在技术与方法层面。考古学家们不满足于书本的介绍，想知道我们的祖先到底过着什么样的生活，发生过什么有趣的事情，用不一样的语言来重建过去的历史面貌。为了实现这样的目标，他们发展出了一套非常科学的调查和发掘方法，与之相比，盗墓贼的手法不过是小儿科。

要学习这套方法，首先要了解一下基础知识，即土质土色问题。我们知道，虽然光辉灿烂的中华文明影响了世界几千年，但是劳动人民创作的智慧结晶大部分都变成了一抔黄土，或者被埋到土里面了。所以，分辨不同的土质土色，对分辨不同时期、不同功能的遗迹是非常重要的。那为什么不同遗迹有着不一样的土质土色呢？举一个简单的例子，一般来说，某个时期内没有人为扰动、自然沉积在地表的土的颜色是均匀的，如此沉积几个时期，就会形成好几层不同颜色的水平分布的地层。如果这时我挖了一个大圆坑，挖穿了这几层地层，那么，

图1-5 北大考古文博学院孙庆伟老师指导学生使用探铲（洛阳铲）勘察地下埋藏情况。

挖出来的土混在一起就会变成一种花花的、不同于原来几层地层的颜色；再把这些土填回大坑里，那么，以后的考古学家挖到这里时，就会发现地面出现一个花花的圆形，那就是我挖的大坑啦。其实，盗墓贼也不过是利用了这个道理，他们用洛阳铲"啪"一下打下去，发现地下是花花的土，就会觉得自己找到墓了。

考古田野发掘的过程，其实就像在读一本无字天书，广袤的土地便是一本巨大的书卷，每一个地层就是这本书的每一页，在这些书卷中蕴藏着巨大的历史秘密。因此，作为考古学的基本方法之一——地层学，就是解读无字天书的过程。因为时代较晚的地层会叠压在时代较早的地层之上，由此，我们便可对地层及其出土物进行年代的排序。发掘过程中，要先发掘时代晚的，后发掘时代早的，一步步揭露其本源。

考古学家进行考古调查的时候,除了传统方法,即用探铲打下去看土质土色来判断遗迹分布以外,还可以借助高科技,比如航空遥感技术、电磁探查、电阻率探查等物理方法和测量汞、磷酸盐含量等化学方法来进行调查。当调查完毕、了解整个遗址结构以后,就可以有针对性地进行保护或者发掘。为了全面而有条理地记录发掘信息,发掘区会分成一个个5×5米的正方形的格子,我们称其为探方。不过,为了运土方便,也为了更准确地判断每个遗迹范围,每个探方北边和东边都会留下宽1米的隔梁暂时不挖。发掘时,考古学家们会拿着一把跟石灰铲有点像的小铲子,把地面刮得平平整整干干净净,这样一眼就可以把古人挖的大坑小坑、早的坑晚的坑都分辨出来,然后就可以按照先晚后早的顺序开挖啦!

作为考古的核心环节,田野调查与发掘尤为重要,翻开考

图1-6 考古发掘是田野考古重要的工作,是最辛苦但也最激动人心的实践。每届夏令营都会安排至少一天的发掘活动。图为余杭玉架山遗址,这是一处良渚文化时期的遗址。余杭水乡博物馆方忠华老师为大家讲解剖面情况。

古夏令营的总日志,那些以田野调查发掘为主题的行程又一次浮现起来。

"2008年7月26日,第一届夏令营,我们在陕西岐山凤凰山下进行了田野踏查,重温周公庙的发现历程。"

图1-7　2008年陕西杨官寨遗址发掘实践。

图1-8　2008年陕西岐山云塘遗址实践收获。

"2009年7月24日,第二届夏令营,我们在山西侯马曲村遗址进行了田野踏查和发掘体验,感受晋国的昔日雄风。"

"2010年7月21日,第三届夏令营,我们在浙江省杭州市茅山遗址进行了田野实践活动,体验良渚先民们的淳朴生活。"

"2011年7月23日,第四届夏令营,我们在河南新郑望京楼遗址和浙江余杭玉架山遗址进行了发掘实践,在阳光下用汗水浇灌昨日的辉煌。"

"2012年7月15日,第五届夏令营,我们在四川省广汉三星堆外围遗址和浙江安吉土墩墓遗址进行了田野发掘体验,丰富了对考古的认识。"

2013年7月,我们期待着您的加入!

图1-9 2009年在新田宫殿台基残迹之上调查。

图1-10 2010年在浙江茅山遗址进行田野调查实践。

图1-11 2011年河南新郑望京楼遗址田野实践。

图1-12 2011年在余杭玉架山良渚文化遗址上考古发掘实践,北大考古文博学院孙庆伟老师指导同学发掘。

图1-13 2012年在四川三星堆遗址发掘现场,带队老师正在讲解考古测绘仪器的使用。

图1-14 2012年在浙江安吉土墩墓遗址现场体验发掘。

庙堂之上鉴古今：中国古代建筑之旅

图1-15　2009年参观山西运城关帝庙。

在世界建筑体系中，中国古代建筑是源远流长、独立发展的体系。中国位于亚州东南部，气候温暖而湿润，生长着茂密的森林。于是，木材就逐渐成为中国建筑自古以来的主要材料，这也就造就了中国建筑的特殊性。中国古代建筑的发展大致经历了原始社会、商周、秦汉、三国两晋南北朝、隋唐五代、宋辽金元、明清7个时期；直至20世纪，它始终保持着自己独特的结构和布局原则，而且传播、影响到其他国家。从原始人居住的崖洞、土穴，到商朝较为成熟的夯土技术，在商周后期已经基本形成了后来古建筑的基本形式；又从汉代的高台式建筑，到唐宋时期简洁雄伟的宫殿，在元朝又吸收了伊斯兰教的一些建筑艺术形式和技术，再到封建末期明清琐碎繁杂的建筑，中国的建筑经历了很大的发展。在结构上，中国的建筑主要采用抬梁式结构和穿斗式结构，即建筑从上至下分为屋顶、屋身、台基三个部分，其中屋身中的斗栱最具有中国特色，不同的斗栱样式不同，可以是简洁朴素的，也可以是精心雕琢的，各有所美。中国建筑形式多种多样，既有住宅建筑，也有宫殿建筑

图1-16　2009年在山西中部考察，图中上至下依次为太原晋祠、平遥古城、丁村民俗博物馆、稷山青龙寺、曲村金代建筑大悲院、芮城永乐宫、运城关帝庙。

如故宫,也有园林如拙政园,建筑布局讲究居中对称,坐北朝南,层层递进,突出中心。从外观来看给人以一种和缓曲线的美感。

中国古代建筑以其独有的魅力书写着历史的多彩画卷,用独有的方式明鉴着古今的时光流转与过往轮回。因此,它也是夏令营活动中的重要元素与组成部分。回顾过去的五年,我们曾经仰视过的宫殿高塔、驻足过的亭台楼阁都不禁浮现在眼前,映照着我们与夏令营的不解之缘。

表里山河,心驰神往。2009年的那个夏天,我们在三晋大地上穿梭时空,感受着古代建筑的魅力。从北汉的万佛大殿到北宋的鱼沼飞梁;从丁村的民俗小巷,到河东的关帝之庙;从元代的永乐宫,到明清的平遥城。在这条愉快的探索之路上,我们看到,那各色的屋顶样式,不仅传达着等级的信息,同时也揭示着历史的流转;那或大气或精巧的斗栱,不仅仅是承重的关节,更暗示着时代的转折;那多彩的雕饰,那严整的布局,既体现着古人的智慧和中华文化的博大精深,更让我们了重温了我们一路走来的道路。

2010年,我们沐着江南的细雨,在宁波的古街古道上感受着那份经历历史酝酿后的历久弥新的气息。2011年,我们来到河北,从隆兴寺中感受着早期木构建筑的雄浑与大气。2012年,我们来到巴蜀故地,在李庄古镇一起回顾营造学社的辉煌历史,实现了与前辈们的心灵对话。

居庙堂之高则忧其民,庙堂之上则可鉴古今。中国古代建筑带给我们的不仅是艺术和美,也不仅是奇思与妙想,更是一种历史的责任与文化传承的使命。当你们也跟随我们的步伐走向那些街角巷陌时,请不要忘了我们肩上的责任,那亦是北大考古夏令营所要传达的声音。

图1-17 良渚博物院建筑由英国建筑设计师戴卫·奇普菲尔德设计,以"一把玉锥散落地面"为设计理念,由不完全平行的四个长条形建筑组成,被称为"收藏珍宝的盒子"。

图1-18 2011年参观河北正定隆兴寺。

图1-19 2012年在良渚博物院内参观模拟的良渚文化时期的房屋建筑。

图1-20 2012年参观宜宾的梁思成林徽因故居。1940—1946年中国营造学社迁于此地,梁林在此完成《中国建筑史》、《图像中国建筑史》等著作。这是一座清代晚期四合院式民居建筑,现为国家重点文物保护单位。

陵寝古墓探幽情：古代墓葬探索

图1-21　2009年参观洛阳古墓博物馆。

当提到"墓葬"这个词，你最先想到的是什么？是《鬼吹灯》《盗墓笔记》，还是风水堪舆、经略之术，亦或是奇珍异宝、机关重重？无论你想到的是什么，最终都要回到很严肃、很厚重的两个词上面：历史、文化。无论是新石器时代的竖穴土坑墓，还是商周时期的斜坡墓道王陵，你都可以从中看到历史变化的轨迹与社会流动的方向；无论是隋唐时代的壁画墓，还是宋金时代的砖室墓，都可以从中看到艺术元素的绽放与民族融合的点滴。正是历史赋予了考古许多的历史责任，正是文化赋予了考古无穷的神秘魅力。而作为考古研究的重要对象，墓葬集中表现了一个时代最突出的物质发展水平和文化精神状态。因此，墓葬更像是一面镜子，映射着一个时代的方方面面，引发着我们怀古的幽情，也激发着我们求知的欲望。

2008年的夏天，我们来到了陕西，拉开了考古夏令营的序幕。从文物古迹的视野来看，陕西无疑是一座巨大的地下博物馆。这里的先秦墓葬，诉说着中华民族青铜时代的辉煌；这里的帝王陵寝，传达着汉唐文明的精彩。周公庙周代王陵、凤翔

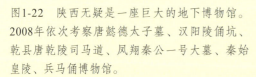

图1-22　陕西无疑是一座巨大的地下博物馆。2008年依次考察唐懿德太子墓、汉阳陵俑坑、乾县唐乾陵司马道、凤翔秦公一号大墓、秦始皇陵、兵马俑博物馆。

秦公一号大墓，先秦时期的高等级墓葬让我们看到，即使是在中华民族的幼年期，我们的祖先就已经创造了伟大的奇迹；秦始皇陵的军阵、汉景帝阳陵的陶俑、乾陵司马道上的石刻、永泰公主墓与懿德太子墓中的壁画，使我们看到在那遥远的岁月里，我们民族的文化既具雄浑的大气，亦具精美的细腻。墓葬可以揭示出历史文本所不能记录的信息，用一种更为直观的方式，让我们了解古代社会上层的森严等级，看到中华文化的多元与多彩。

2009年的夏天，我们来到山西和河南。曲沃的晋侯墓地、三门峡的虢国墓地、洛阳的邙山古墓，向我们展现了不同社会层次之间的差异。广阔的时间跨度，让我们深切的感受到历史的流转：向下一米远，跨越一千年。2010年的夏天，我们来到了浙江，在良渚的

图1-23　2009年先后参观河南三门峡虢国墓地博物馆与山西晋侯墓地一号车马坑。

图1-25 四川成都永陵墓室。

图1-24 2010年参观浙江绍兴印山大墓。这是越王勾践父亲允常的陵墓。图为由巨大木材构筑成斜坡状的墓室。

反山王陵漫步，聆听着远古先民们的声音。那一刻，玉璧、玉琮之上，仿佛也回响着文明之声；在绍兴印山越王陵内，看着那断面呈三角形三面髹漆木椁墓室，我们感受着古越文化的独有特色。2012年的夏天，我们来到了四川，在永陵细心体会着汉唐之后陵墓的变化，也从中了解了四川这片土地所氤氲出的独特文化。

敢问路在何方，路在脚下。一路走来，时光在变，过去陵寝古墓中的精彩终将会随着时间慢慢化为陈迹，但是作为年轻的我们，在随着陵寝古墓的肃穆安静怀古发幽的同时，更要记着它们背后历史与文化的重大命题，只争朝夕。因此，我们的脚步不会停止，会顺着这条线索，继续下去。

石窟精华日月长：
佛教石窟寺考古的足迹

图1-26　2011年考察河北邯郸响堂山石窟。

提起李绅，也许你不一定能想起他到底是谁，但说到他的一首诗，却可谓妇孺皆知、家喻户晓："锄禾日当午，汗滴禾下土。谁知盘中餐，粒粒皆辛苦。"但你可曾了解，作出《悯农》这首旷世绝笔的李绅，不仅仅是位关心民间疾苦的士人，更是一位诚心礼佛的信客。他在《宿石窟寺》写出了他日暮时分寄宿石窟寺的经历：

> 一刹古岗南，孤钟撼夕岚。
> 客闲明月阁，僧闭白云庵。
> 野鹤立枯树，天龙吟净潭。
> 因知不生理，含自此中探。
> 寄此鄙言辞，尚质个中人。

什么是石窟寺？在河畔那一座座开山而起的佛寺，便是石窟寺了。在中国，由于石窟寺中常常是洞窟密集成群，整座山崖好似有千万座佛俯瞰红尘，故也有"千佛洞"之称。石窟寺作为最重要的佛教文化形态，诞生于佛教渊源之地——天竺，

图1-27 2009年山西太原,在老师指导下,同学们在天龙山攀爬岩石考察石窟。

即今天的印度。佛教传入中国后,经过几个世纪的演变,在公元3世纪时出现了自己的石窟寺,并与5～8世纪的六朝风物、盛唐气象一起兴盛于世,直到16世纪明朝中叶才慢慢退出了历史舞台。

中国人对石窟寺的记载,大都见于明清地方志和游记中,经过国内外探险家、考古学家、历史学家和美术史学家一个多世纪的发现和研究,将中国的石窟分为七大类:一、塔庙窟,中心有塔柱矗立;二、佛殿窟,中心没有塔柱;三、僧房窟,为僧人的生活起居和禅行提供场所;四、大像窟,雕塑有大佛像的塔庙窟和佛寺窟;五、佛坛窟,设立放置佛像的石坛;六、罗汉窟，专为禅行的小型僧房窟；七、禅窑窟，由小型石窟群组成。这七类石窟寺相互穿插、错落有致，形成了独具风味的中国石窟寺组合。

中国自古地域辽阔，文化面貌随着自然风貌的千变万化、人文风俗的万象千重，也呈现出异彩纷呈的特点。新疆地区的古龟兹拜城境内的克孜尔石窟、库车境内的克孜尔尕哈石窟、库木吐喇石窟和森木塞姆石窟，古焉耆地区的七格星、高昌地区的吐峪沟石窟和柏孜克里克石窟有浓厚的西域特色。西藏地区的药王山石窟寺则以藏传佛教形象为主。中原地区有因为政治、文化、宗教宗派的不同被分为了南北两区，其中位于北方地区的敦煌莫高窟、天水麦积山石窟、彬县大佛寺石窟，以及北魏皇室贵胄开凿的大同云冈石窟和洛阳龙门石窟、巩县石窟，都是中国佛教造像艺术的经典，而南方的南京栖霞山石窟和新昌剡溪大佛，大足石刻，杭州西湖沿岸的窟龛也具有各自的地方特色。西南地区石窟是以南诏王为主像的窟龛。

在历届夏令营中，我们参观了山西太原天龙山石窟、河南洛阳龙门石窟，河北响堂山石窟等石窟寺考古遗迹，领略到了佛教石窟寺的恢弘。在日后的旅途中，我们还会涉及更多的石窟寺遗迹。

图1-28　2009年在山西太原天龙山石窟参观考察。

图1-29　2009年在河南洛阳龙门石窟参观。

器物之上行大道：
中国古代玉器与青铜器

图1-30　2008年参观陕西宝鸡周原博物馆，馆前玉器模型雕塑。

如果用一种物质和文化来概括中国文化特质的话，你会选择什么？我想大多数人会选择玉和玉文化。

从遥远的新石器时代早中期，在中国内蒙古东南部和辽宁西部，就发现了距今八千年的玉器，从此之后中国用玉传统就延绵不绝，在此过程中也形成了独特的玉文化思想。距今五千年左右中国历史上出现了第一次用玉高峰期：在东北有以动物造型为特征的红山玉器，在江南有以琮、璧、钺等为主的良渚玉器。目前，这两个考古学文化被认为是中国文明的开始，而这个时代也是传说中的"三皇五帝"时代，或许他们不是传说而是事实。在2010年和2011年的夏令营中，我们都前往了浙江，参观了良渚遗址，从良渚的玉器中切实感受到了新石器时代玉器的特色。

进入夏商周三代，玉器成为等级和礼制的核心表征物质之一，而到春秋战国时期，儒家思想融入玉器，君子比德于玉，成为儒雅文化的代表。三代玉器始终与中国人的文化精神相关联。2008年首届夏令营中，周原的玉器让我们感受到礼乐背景

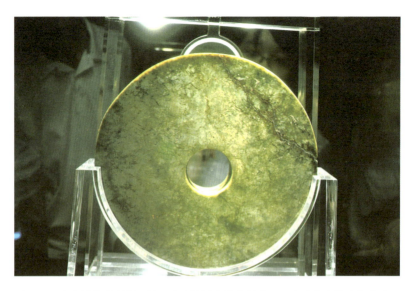

图1-31　良渚博物院刻符玉璧，上面的图案符号很浅，只有用放大镜才能看清。

下的玉器文化；2009年，我们在侯马又一次感受了晋系墓葬的玉器文化。东汉许慎之时，形成玉文化的五德——仁、义、智、勇、洁。进入隋唐，玉器摆脱高高在上的神秘面纱，开始具有市井和生活气息，这种文化气息一直延续至今。在清代，由于乾隆皇帝酷爱玉器，中国古玉迎来又一次高峰，此时翡翠加入了玉器行列。

　　为什么中国玉文化会绵延不绝呢？中国人把玉看作是天地精气的结晶，使玉具有了不同寻常的宗教象征意义。取之于自然，琢磨于帝王宫苑的玉制品被看作是显示等级身份地位的象征物，成为维系社会统治秩序所谓"礼制"的重要构成部分。同时，玉在丧葬方面的特殊作用也使玉具有了无比的神秘宗教意义。由于玉的外表及色泽，人们把玉本身具有的一些自然特性比附于人的道德品质，作为所谓"君子"应具有的德行而加以崇尚歌颂，更是中国人的伟大创造。因此，玉是东方精神生动的物化体现，是中国文化传统精髓的物质根基，从而也能得

图1-32　2008年参观宝鸡青铜器博物馆，于青铜器之乡感受青铜器之大气。

图1-33　2009年在山西博物院藏参观青铜器。

以代代相传。

在夏商周三代时期，与玉器具有同等重要地位的器物是青铜器。青铜器，最早出现于公元前4000年至3000年的埃及和西亚两河流域；中国最早的青铜器发现于公元前3000年的甘肃东乡县林家村马家窑文化遗址。但是，此时的青铜器只是短剑、匕首等小型工具。进入公元前2000年以来，尤其是夏、商和周三代，青铜器有了长足的发展，用于祭祀神灵和祖先的鼎、簋、尊、爵等礼器，行军打仗的戈、戟、剑等兵器，代步出行的辖、轵、轭等车马器，日常所用的铜镜、刀、斧等工具，大多有繁缛、漂亮的花纹，部分还铭刻文字，记录了当时的赏赐、战争、婚嫁等事迹，品种齐全、应有尽有。由于此时中国刚脱离蒙昧时代，对自然、祖先的敬畏之心较重，而且生产力低下，精美的青铜器主要出现于社会上层的各类礼仪活动中，却很少见于"寻常百姓家"。秦汉时期直至现代，青铜器逐渐褪掉了之前的

图1-34 2012年，领略了神秘的三星堆青铜器之后，同学们来到附近的现代青铜器制造厂，负责人在制作现场为大家介绍现代青铜器制作工艺及与古代工艺的异同。

神秘色彩，开始在日常生活中露面，如各朝各代的铜钱、铜镜、铜质佛像、香炉以及灯、刀、针等工具。随着铁器的出现和流行，铜器的作用日趋减弱，仅在装饰品和部分日常工具等方面继续"发挥着光和热"。青铜器在全国各地均有发现，如北京的琉璃河遗址、河南的殷墟遗址、陕西的周原遗址、四川的三星堆遗址和江西的大洋洲遗址等。中国的青铜器种类之繁、数量之多、技艺之美、功用之重、沿用之久，在全世界均属少见，也是中国作为四大文明古国之一的重要例证。

2008年首届夏令营，我们前往了青铜器之乡宝鸡，领略了周原青铜器的精彩；2009年，前往山西侯马，从那里的青铜器上重温了晋国雄风；2012年，前往四川，从三星堆的青铜器上感受到了古蜀文明的神秘。形而下者之为器，形而上者当为道。玉器与青铜器虽为器物，却寄托了太多的文化内涵，器物之上行大道，旅途之中见真知。

冰瓷金缕胜琉璃：中国古代陶瓷

图1-35 浙江安吉考古工作站，同学们在研究出土的陶器。

瓷器是一种以瓷土、长石、石英等天然原料制的坯胎、经过高温烧制而获得的陶瓷器皿，胎体上一般都施釉。气孔率低，吸水率不大于3%、质地硬、强度大且敲击声清脆。早在公元前16世纪的商代，就已经出现了早期瓷器，但其胎体与釉面烧造上都尚显粗糙，烧制温度也较低，故称之为"原始瓷"。原始瓷器从商代出现以后，经过西周、春秋战国到东汉，历经了一千六百至一千七百年间的变化发展，到东汉晚期终于出现了真正意义上的成熟瓷器。浙江地区的劳动人民在东汉时期成功烧制出成熟青瓷，正式揭开"瓷器"第一篇章。

魏晋南北朝时期是青瓷普及和发展的阶段。此期局势虽战乱频仍，但江南较为安定，因此，这时期南方的瓷业有了很大的发展。浙江、江苏、四川、广东等地均出现了窑业生产，主要以青瓷为主，尤以浙江越窑、瓯窑、婺州窑最为著名。北方瓷器生产远不及南方兴盛，在山东、河北、山西、河南等省市发现，主要产品为青瓷、黑瓷，并出现了白瓷。隋唐时期，继前代瓷器成熟之后，生产范围扩大，形成所谓"南青北白"的

图1-36　2010年在浙江杭州参观南宋官窑博物馆。

局面。南方青瓷以越窑为代表，北方白瓷以邢窑为代表。此外，还出现了大批烧造陶瓷器的窑场，如河南巩县窑、陕西耀州窑的唐三彩陶器、湖南长沙窑的青釉褐、绿彩瓷器等。其中，著名的唐三彩被国外工匠模仿，"奈良三彩"、"波斯三彩"开始出现。宋代是我国陶瓷空前发展的时期，"五大名窑"——定、汝、官、哥、钧窑开始出现，驰骋古今的磁州窑、耀州窑、龙泉窑等也都是其中最高的典范。元代陶瓷生产在继承过去基础上仍有创新，其中以景德镇窑的青花和釉里红瓷器最为出色。明代陶瓷生产进入了一个崭新的历史阶段，景德镇"官窑"瓷器争奇斗艳；除了以往的影青、青花、釉里红等品种，许多精美的颜色釉和釉上彩被创造出来。清代前期，景德镇制瓷工艺盛况空前，如康熙时期的青花、五彩，乾隆时期的粉彩、斗彩、珐琅彩等，堪称历史上的精品。晚清和民国初期，由于社会经济、政治、文化的衰落，加之科学技术上的保守落后，陶瓷质量显著下降，一些名窑或者停产，或者奄奄一息甚至技艺失传。

在英文中"瓷器"（china）与中国（China）同为一词。自古以来，瓷器都具有很大的实用性，其艺术价值之高更是不可忽视，是我国劳动人民对世界文明的伟大贡献。

2008年暑假，我们在陕西法门寺见识了"秘色"之风华；2010年，在浙江杭州领略了南宋官窑瓷器的精彩；2011年，在河北曲阳感受了宋代五大名窑之一定窑的古窑瓷风。陶瓷带给我们的，可能并不只是艺术上的感官享受，从那温润的光泽与清越的敲击声中，更能体会到穿越时空的历史和历久弥新的文化。

图1-37　2010年，在田螺山考古工作站院内地上，密密麻麻地堆满了从遗址出土的陶片。夏令营的同学们震撼了。每一堆都是一个遗迹单位内的陶片，都要进行拼对，尽量修复成型。图为考古负责人孙国平研究员介绍遗址出土文物情况。

图1-38　2010年河南省新郑考古工作站考察，近距离观摩出土陶器。

万花筒中现真彩：博物馆中的故事

图1-39　2008年参观陕西历史博物馆，博物馆负责人为大家介绍博物馆的收藏和展出情况。

　　来到博物馆的时候，你会想到什么？五年的考古夏令营历程中，我们参观了许许多多的博物馆，既有像陕西历史博物馆这样的综合性博物馆，也有像南宋官窑博物馆这样的专题性博物馆，还有像金沙遗址博物馆这样的遗址性博物馆。从中，我们真切感受到，博物馆就像一个万花筒，从中可以窥探出历史与社会中绚丽多彩的方方面面。而看了这么多博物馆，我们也应该回归本源，来思考一下究竟什么是博物馆，博物馆应该朝怎样的方向发展。

　　当我们面对博物馆的时候，会对什么样的问题产生兴趣，会用怎样的方法去解决这些问题，这些构成了博物馆学的不同分支内容。一般来说，我们把对"什么是博物馆"的问题称作基础博物馆学，"怎么发展博物馆"的问题称作应用博物馆学。随着现实生活当中博物馆种类日渐发展得多种多样，出现了各种千奇百怪的专门性博物馆。我们开始意识到，不同种类的博物馆会遇到不同的难题和挑战，以解决这些专门类别的博物馆的特殊问题为目的的思考和讨论，被我们成为专门博物馆学。

尤其是20世纪70年代以后，以法国为代表的传统资本主义国家诞生了一种新的思考，后来被称为新博物馆学。这种新博物馆学的诞生主要在于过去我们过多地关注"怎么样发展博物馆"，而少去讨论"为什么要这样做"。尤其是当时代变化以后，博物馆的发展受到越来越多社会力量的限制。博物馆需要从社会当中争取到更多的资金和舆论支持，这也就意味着博物馆与社会的关系不得不变得更加紧密。因此，新博物馆学也要求博物馆承担起社会文化责任，关爱弱势群体、提高民族认同、加强社会教育等等。

就现在来说，博物馆学在博物馆的发展过程中仍起着重要的作用。一方面，传统意义上的博物馆仍然面临着各种业务方面的问题，从文物藏品的收藏、管理到展览的组织和社会教育，伴随着经济学、管理学、信息技术、艺术理论等其他交叉学科的发展，博物馆的工作业务仍然是一个值得继续讨论的问题。博物馆学在不断吸收各学科思想的过程中，不断寻求如何促进博物馆更好发展的方法。另一方面，伴随新博物馆学的发展，社会现实对博物馆的挑战越来越多，出现了各种新类型的博物馆。在这种背景下，博物馆学需要进一步思考如何让各种博物馆促进社会的发展。换句话说，未来博物馆学的发展将是一个试图寻找博物馆自身发展与社会进步共同前进的过程。

我们的夏令营之旅还在继续，不妨也带着这样的问题，继续探索下去。

图1-40 2008年在周原调查时参观了宝鸡周原博物馆。

图1-41 2009年参观陕西西安碑林博物馆。

图1-42 2010年参观丝绸博物馆,观摩古代纺织技术过程。

图1-43　2011年参观河南安阳殷墟博物院。

图1-44　2011年唐际根老师在文字博物馆讲解。

图1-45　2011年参观浙江良渚博物院。

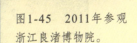

图1-46　2011年参观浙江余杭江南水乡博物馆。

图1-47　2011年参观河姆渡博物馆。

图1-48　2012年参观浙江省博物院。

图1-49　2012年在浙江良渚博物院内,展示的是四千多年前莫角山宫殿建筑群的建设场景

图1-50　2012年参观四川省博物院。

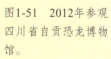

图1-51　2012年参观四川省自贡恐龙博物馆。

行人欲问当年事

图2-1　2010年在良渚遗址上的反山墓葬遗址,寻找蛛丝马迹。这里曾发现十几座良渚时期的大墓,其中一墓出土了良渚"玉琮王"。

图2-2 半坡遗址博物馆遗址大厅参观。这里原貌保存了半坡先民居区的一部分,面积约3000平方米,包括半坡先民居住过的房屋、使用过的窖穴、陶窑、墓葬等先民遗址,生动而具体地展现了我们祖先开拓史前文明的艰难足迹。

图2-3 近距离观摩重大考古发现的发掘现场,了解考古发现时的情景。这是第一届考古夏令营在陕西始皇陵铠甲坑发掘现场观摩。

图2-4 在西安高陵县杨官寨遗址参观和实践。该遗址被评为2008年中国考古十大发现。图为史前村落外围巨大壕沟的一段。

图2-5 2009夏令营营员在山西考古所王益人老师引领下前往丁村遗址,途经地下隧道越过繁忙的南同蒲铁路。

图2-6 2009年丁村遗址紧挨着汾河边,想象一下十万年前就有古人类在这里活动并留下了遗物。

图2-7 2011年浙江考古所刘斌老师在良渚古城西城墙遗址为大家讲解。

图2-8　玉架山遗址发现了良渚文化时期的由稻田、居住址、祭祀场所、墓地、水路通道等组成的聚落。最为重要的是发现了较为完整的环形壕沟遗存和贵族墓地。壕沟一般用于防卫,这在长江下游新石器时代乃是首次发现。该遗址已被评为2011年十大考古发现。图为2011年同学们在该遗址进行考古发掘实践之前,聆听北大考古文博学院雷兴山教授(下方站立者)讲解田野考古基本知识。

图2-9　2011年,郑州樱桃沟老奶奶庙旧石器时代遗址考察。北大考古文博学院副院长吴小红教授(上左一)代表学院欢迎大家到来,考古领队、北大考古文博学院王幼平教授(上左三)为大家介绍遗址情况。该遗址考古被评为2011年度十大考古发现。

漫追陈迹——行程篇

图2-10 在平遥古城内行走。

陕西·景·情二则之阴阳两世太子墓

2008夏令营营员

赵雅楠 北京四中

皇帝陵讲求风水，玄机具体在何，我说不明白。但是，这里视野开阔，两座山峦遥相呼应，葱葱松柏给人带来层层凉意，随着步伐前进，山跳入了绿野的怀抱，掩映，疏密。的确，人的死可以有这样一个完美的归宿，感叹于精心设计，感叹于地位悬殊。有时在想，我们参观陵园的目的是什么？我不想简单地说是增长知识、陶冶情操。在北京，我也常会去十三陵，说实话，文化层面的东西只是很小的一部分，附加品。主要是想去欣赏美景，休息一下。面对地上的黄砖碧瓦，我会感到生前再辉煌的人，最后也无非是如此落寞，那散落的是瓦片，便是百年的落寞，百年的负累。

茂陵呢，熙熙攘攘的人群，那是生与死的对比。活着的人

图2-11 茂陵是西汉武帝刘彻的陵墓。建筑宏伟，墓内殉葬品极为豪华丰厚，是汉代帝王陵墓中规模最大、修造时间最长、陪葬品最丰富的一座。

靠死了的人吃饭，活着的人研究死了的人的生活。随着时间的流逝，那么多的东西都在变，古树、墙垣、石刻……物是人非？物也不是人亦非，也许这就是我们这些小人物有时候寻求的一种安慰呢。史铁生面对死亡说："我轻轻地走，正如我轻轻地来"。历经磨难后的淡定，我们能拥有几分？

踏进太子墓的墓道，一种历史感弥漫四周，斑驳的墙壁映射出时间的痕迹，而那也是虚的，我们能看到的只是满墙的斑驳。从光明走向黑暗，阳光越来越微弱，温度越来越低，我只能借着小小的地灯，辨识脚下的路。我给自己的脚与地留了个合影，有人说，墓里边照什么像？我只是想留住自己与古人重叠的那一刻，我踏过他通往阴间的路，而我是在阳间。我并不因此而有任何优越感，只是感到踏过了时间。我还把手与墙壁照在了一起，年华流转，我们似曾相识，却又恍若隔世，那一刹那的对接，时空灰飞烟灭……

我们这般贸然地闯入，是否会打破死者的宁静？好在，我们是为了更好地研究历史文化，同时也采取了一系列保护措施。而有些人呢？就像"文革"时期，毁了多少文物古迹，还那么堂而皇之。当时，由于经济水平、意识层面等一系列问题，导致了时代的局限性。可是，我们不能总拿这个当作挡箭牌，社会在进步，留给我们的时间越来越少了，想起一些人为了所谓经济利益而不惜破坏文物，既可怜又憎恨他们。贫穷，也许真是一个很大的障碍，在解决一些生态问题时，就要扶贫，以便从根本上解决问题。我想对于人文景观的保护，也是如此吧。

真心希望死者安息，生者珍惜，守护我们的物质与精神家园，发自内心地去热爱它们。

盛唐的遗风余韵

2008夏令营营员

任泰稼　山东省日照一中

犹记得儿时看到电视中播出的考古新闻，尚在牙牙学语的我产生了最初的理想——当一名考古学家，像电视里的叔叔们那样探寻古代的秘密。随着时间的流逝，这个愿望逐渐湮没在尘埃之中。可是，就在临行前，妈妈突然提起了这段往事，我恍若又回到了天真无邪的童年时代。如今旧梦重温，面对繁星般的文物和古迹，自然会浮想联翩。

尽管对历代历史都有所涉猎，但我始终认为唐朝是最为热爱的一段。在我看来，唐朝是我国历史上第一个真正拥有强大国际影响的王朝，从公元618年到907年，长长的两百八十九年间，尽管国家盛衰变迁，但它始终拥有灿烂的文化。对于我这样一个文科学生来说，很容易热血沸腾，也很容易黯然神伤，比如说读李华的《吊古战场文》，就会有这种感受。看多了唐代诗文历史，就越发想亲身看一下唐代的遗迹，切身感受一下那种气氛。

很遗憾，我们没有去参观唐长安城遗址，只是看了乾陵和法门寺，但就从这两处，我就可以窥到很多盛唐的遗风余韵了。甫一入乾陵，我便受到了极大的震撼，要知道，在之前参观的阳陵、茂陵，总是感觉到不够大气。尽管它们也是动用了无数的人力物力修建的，但总觉得它们并不符合墓主人的身份。而走进乾陵，踏上宽阔无比、绵延数千米的司马神道，我立刻感觉到，自己已经找到了答案，这里就是我心目中帝王陵寝所应有的模样。

图2-12 陕西乾县唐乾陵司马道。

走过宏壮的三出阙和名闻天下的无字碑,只见司马道两旁立着六十一座蕃酋石像,他们来自不同的国家,在高宗李治驾崩后不远万里前来吊唁,武则天为了标榜天朝威被远服而立了这些石像。且不说它们的头是如何失去的,就说这份国际影响力,遍观历朝历代,有哪朝皇帝死后有远到伊朗、阿富汗的国王亲自来奔丧?唯有全盛时的大唐王朝,宛如东方的一颗璀璨明珠,吸引着各国使节和商旅的到来。

由于我妈妈信佛,所以我已久仰佛指舍利的大名,但之前我对法门寺的了解也仅限于此。待到进入法门寺博物馆,突然有一种眼花缭乱的感觉,眼前目不暇接的一件件精美绝伦的文物及其背后所蕴藏的丰富的历史内涵,一下子将我压得不知所措,唯有机械地拍照、记录。临出藏宝楼时,我不禁对同行者感叹:"前几天看见几片残缺不全的陶片都会激动不已,而如今却对精美绝伦的石狮石雕视若无睹。"同行者会心一笑。真的,法门寺的东西实在是太丰富了,单是那"秘色瓷"就令我流连良久,回味无穷。

在从法门往住处去的路上,我的思绪开始由现实飞向渺远的唐朝,脑海中开始闪过一幅幅画面:长安宫阙的壮丽无匹,熙熙攘攘的街市，络绎不绝的商旅，万方来朝的盛况，飞鹰逐兔的少年，西域道上的大城，军容严整的兵，草原上震天的厮杀，千里追击的阵势……这些幻想中的场景，仿佛通过这短短一日的所见，全部变成了现实。我甚至开始憧憬，如果生在盛唐，那是一种怎样的幸福。可是，我的思维不可避免地在一个历史节点前戛然而止，安史之乱阻断了我的继续想像。渔阳动地的鼙鼓震碎了歌舞升平。从此，盛唐气象万千的繁华景象一去不复返，大唐一步步走向了没落。纵然是其间有所谓的"元和中兴"，但短短十五年如何能扭转大厦将倾的颓势？最为耻辱的是，昔日犹如镶在大唐皇冠上最耀眼的明珠的都城长安，竟然数次被外敌和叛军攻陷，饱掠一空，直至黄巢农民军用大火将我梦中的长安城烧成废墟，那颗最耀眼的明珠掉到了地上，摔得粉碎，这似乎预示着唐王朝最终倾覆的到来。

　　记得第一天张建林先生曾讲到唐僖宗靖陵。当看到那逼仄狭小的陵墓时，我不禁感叹：当年仿佛日不落帝国的泱泱大唐，连最后的落日余晖也渐渐消散了。而死于朱温之手的昭宗和哀帝，无疑更加令人悲哀：生在帝王家，却赶上了大厦将倾之时，往日的璀璨辉煌对他们来说只是遥远的符号。尤其是昭宗，空有振兴之志，却终生颠沛流离。我无法想象，在被朱温挟往洛阳途中，看到如鸡犬般被驱赶的宗室大臣时，他心中的悲凉和绝望。

　　路并不远，梦终会醒，当我从沉思中清醒出来时，更加坚定了儿时那份童稚的理想，因为我热爱这段历史。最好作一名研究唐代的考古工作者，用我的辛劳去体验、去感受，去让更多的人明白我所钟爱的一切。这是我对考古产生兴趣最初的动力。我想，考古的根本意义也在于此，即通过发掘和研究的成果使每个公民都了解自己国家漫长的历史，来丰富每个人的心灵和文化底蕴。

倒数

2008夏令营营员

梁静远　陕西省西安高新一中

十天的日子轰隆隆地碾过，充实又快乐。坐在依然飞驰的时光大车上，回望过去十天走过的轨迹，就能又一次地感受这种不一样的生活，感到同样快乐，甚至更加快乐。

离别的第十日

这天，我们都要离开这个营了，也许当中的一些人将会离开考古，回到原来的生活。但是，每个人都不会忘记这些与考古亲密接触的日子。这十天，对我而言，不仅交到了新的朋友，学到了新的知识，最重要的收获便是考古带给我的热情。考古和补习在旁人眼中都是很辛苦的工作，但只要怀抱热情与获得成果的希望，一切辛苦都不在话下。即将到来的高三，我会带着这种热情为了理想努力。

苦乐相伴的第七日

这一天是考古生活的浓缩，既苦也甜。顶着烈日走了三个小时的山路，看到了别人看不到的遗址，终于弄懂了土层的判断；下午参观了周公庙考古基地，当第一次捧起带字的甲骨时，战战兢兢，激动溢于言表。任何事都不能单看外在，比如考古，不亲自体验，怎么会发现隐藏在辛苦背后的大乐趣？所谓快乐，很大部分取决于自己选择的道路。坦荡也好，崎岖也罢，各有各的景致，各有各的滋味，自己喜欢最重要。

被震撼的第六日

看到曾经恢弘的宫殿、热闹的村落如今一片荒芜，踩着丛生的荆棘走在昔日的庭院，忽然，感到自己太过渺小。茫茫历史中，自己是太仓促的一瞬，曾经住过的、走过的、爱过的地方，多年后也许会满眼荒凉；苍苍宇宙中，我是太渺小的一粟，像芸芸众生一样，平凡而认真地过着每一天。

即使这样渺小，仍然挖空心思地想要留下些活过的痕迹。不一定惊天动地才是完美的人生，只要努力地生活，感受生活中点滴细节，都能拥有丰富而无悔的一生。

喜出望外的第四日

这天最值得纪念的就是我们第一次进入工地，并且亲眼看到罗组长怎样用一把小小的手铲一点点挖出一个新石器时代的陶碗，太兴奋了。在看组长进行挖掘的同时，我发现考古绝非是发掘文物那么简单，它其实是一门深奥又细致的科学。比如，比起文物更加关注土色的变化，一定要将挖出了碎片放回原处，在评断一件文物时更重点关注其历史的价值。在我看来，想要成为一名考古学家，必须具备细心、耐心、好奇心以及广博的知识，之前对考古的理解实在太狭隘。

思考多多的第三日

我们参观了历史博物馆，作为一个本地人，虽然此前已经去过，但是跟着考古营，在游览时就要多一些"考古味"。比如，在参观精美文物的同时，我乐此不疲地思考起了"怎样才能改变博物馆免费开放却仍门庭冷落的尴尬局面"这种"高深"的问题。苦思冥想之后，我觉得"编故事"也许会是个不错的方法。"编故事"当然不是"瞎编"，而是立足于专业、在学术允许的范围内进行讲述。以博物馆中陈列的冰冷文物为纽带，连接起参观者与千百年前那些曾经鲜活的生命。人与人之间的交流应该更容易更有趣吧。比如，对于"虎符"，现在只解释它是秦代调兵遣将的凭证，如果把介绍具体化，落实到哪个皇帝与将军就曾以这块虎符发动了一场怎样的战争，再加上一些轶

图2-13 西安半坡遗址。

事，便会拉近陈列物与观者的距离，感到穿越时空的欣喜。

思考多多的第二日

这天去参观了半坡遗址和秦兵马俑，本来激动的心情被几个闹心的外国人搞砸了。第一，是在参观"半坡"时突然想起一个在哈佛研究中国陶瓷的"洋教授"，讲他来找"半坡"时，当地村民告诉他"半坡搬家了"，令他哭笑不得。第二，是在参观兵马俑时，听导游说她接待过看得最认真的游客是一个外国人，在兵马俑前整整站了六个小时。这两件看似不重要的小事深深刺痛了我。中华文明真的遗失了么，我们祖宗的东西竟要靠外人来传承和发扬么，他们的文化素质真的高于我们么？我从不这样认为。那究竟是为了什么，让我们许多珍贵而丰富的文化遗产白白流失，这实在是我们每一个炎黄子孙应该思考的问题。

初来乍到的第一日

直到今天，还清楚地记得这一天自己是怎样的兴奋。听着那些连北大学子都难得一见的教授们专业的讲解，第一次触到考古学的脉搏，好奇又激动。现在看来，自己的确如这天所期盼的那样收获颇多。

志同道合的同伴，难得一见的古物，丰富的考古知识，还有满满的回忆，这次活动都帮我实现到了。虽然无法让时间定格，却能把它们定格成回忆，收藏在心里。

考古人

2009夏令营营员

方若冰　北京师大二附中

丁村下，曲村上

几日几行几慨慷，丁村崖，曲村旁，土下埋藏，多少来去往。几亲几友几故乡？友天下，家四方。

一生一世一沧桑，少年狂，鬓角霜，唯一难改，一心为尔向，一食一箪一行囊，眸望长，驻模样。

——《江城子·掷青春直向老》

沿着一条火车往来的乡间小路，我们在山崖上找到了远古的"痕迹"——山壁上的土层中藏着无数贝壳。我们边看贝壳，边听几位老师讲解地层学一二事，大长见识。同学们捡了很多石头扇贝类的玩意儿，我随手挖了一小块，用石头磨了磨，竟磨不动，后来听田伟老师说，这些说不定是年代久远的钙化化石。真是神奇。

在老师的指导下，我们学习打制石器，看着老师的示范，再看看自己手中怎么也成不了型的石头，只好哀叹，生存能力有待提高！老师那样的技术离我们太遥远。流去的汾河几经变迁，我们所在的地方或许曾经是河流，数万年前曾有丁村人在同一处站立过。历史之中的我们，太过微小。

然后，我们来到晋侯墓地，参观车马坑。进入发掘现场后，土味、木味和药味扑面而来，非常好闻。望着这泥土盖满的岁月，田伟老师讲起当年挖掘工作的艰辛：那时正值冬季，老师和他的导师在洞中艰苦地剔拨泥土,晚上回考古站写报告,天天如此。现在,他骄傲而自信地讲着他所有的工作,他为我们讲解每一件零碎小事、每一点零碎知识——写在他脸庞上的,分明是自豪。

去曲村考古站的路上,我们在田野断崖边用小铲挖陶片。老师教我们画线区分土壤、地层,我猜想着,如果我们能挖到一片残片,正好可以补在一件残器上就好了。有些痴心妄想。这时的田野正是绿了一片的时节,我们穿行于庄稼地间,听老师讲解以陶片辨别器型的方法,隐约听见前方的一组营员在田间放声歌唱。

二十分钟后到达曲村考古站,门口右侧立着一块石碑,写着"曲村之恋"字样,听说是田伟老师的学长所留,背面的碑文质朴感人。我记得大意:若当有一天华发尽染时在此聚首,勿相忘。一时,我仿佛听见那些青春岁月里的笑声。

两层的小房子,一片自给自足的菜地,二层上锁库房中收藏的是等待修复的文物,一层是宿舍——供老师和前来挖掘的学长们居住。院子当中一块大碑,上书"走向田野"四字。田伟老师面向这碑,对我们说道,这个工作站可谓考古圣地,因为它不仅出土了许多珍贵文物,还培养了一批批考古人才。

无论那些师兄师姐如今身在何方,再回到此处时,他们的心情,一定会和田老师一样吧。望着这幽静而美丽的地方,我希望有一天,我可以和老师一样在此学习、工作,在此成长。

我相信,有一天我会回到这里。

由年少梦想到年老

晚上田老师邀我们一同"交流一下"。我们几个缠着他,要他讲夏商周断代工程,问了他许许多多的问题。刘老师回来后,我们又聊起夏令营的事,聊起学考古的事。两位前辈一直对我们说:"选考古要慎重,要想清楚。"顿时,我又想起吉老师所说的，选择考古是多么艰难，别妻离子。想起张老师对我们告诫，长路多么漫漫，生活也许艰苦清寒。许多孩子也许图一时新鲜，不假思索地回答"那算什么！我愿意！"，但是当他们走进围城时，却后悔万分。

深思熟虑是必要的，是必须的。我心中清楚这两天所见不过是皮毛，仅从王爷爷对丁村的熟悉程度和田老师对曲村库房的如数家珍，就可以猜到他们背后到底做过多少工作，流过多少我们无法想象的汗水。但我所看到的是，所有老师们在经历过这许多以后，还能笑着回忆当年，对自己的经历与关于考古的种种如数家珍。

我仍坚信这一生的多数选择不需誓言，我更加坚信我曾经所相信的。这个选择是一个由年少到年老的、没有尽头的梦想。并非为大梦一场而进入这条路，而是为了一个信念，又或许什么都不为，没有理由可言。

宋美龄说过："上帝让我活着是因为我有没做完的事要去做。"通篇未提"考古人"，但我想答案藏在我脑后，闪着光亮的地方，光芒正越发明亮。

图2-14 丁村遗址石器打制"看我打制成功了！"有点像丁村文化代表性石器尖状器，数万年前丁村人用它挖掘根茎类植物充饥。

这十天，胜十年

2009夏令营营员
汪榆淼　浙江省台州中学

七月，流火。五湖四海的我们相聚在太原，不同口音，不同性格，但有一点是一样的，那就是对考古的无比热爱。于是，一个不同寻常的旅程——北大第二届考古夏令营，开始了。旅途中，心中的几缕触动，小记于此。

千万恨，恨极在盗墓

盗墓，一个说不尽的沉重话题。该管的人，无动于衷，因为他们不知道文物的珍贵；想管的人，无可奈何，因为他们不知道如何去应对。于是，每年都有大量古墓被盗，大量文物被破坏，甚至大部分的考古发现都先是因为盗墓，这难道不是一种悲哀吗？盗墓，可以使人一夜致富，但拿着这样的钱，难道他们就不感到不安吗？在电闪雷鸣的夜晚，他们就不害怕吗？与其换来一辈子的担惊受怕，又何苦当初那一个邪恶的念头？盗墓者，天诛之。从另一个角度来看，我们的考古工作者，天天与价值连城的文物打交道，要想将其占为己有，简直易如反掌，但我们的考古工作者却毫不为心动，一切以学术为重。这两者一比较，难道还不足以说明考古工作者的伟大人格吗？从考古学家回答同学们有关盗墓问题时脸上的复杂表情中，我看到的是一颗闪光的心灵，一颗金子般的心灵。

野外调查，此物最相思

在这十天的夏令营过程中，最快乐的时光，莫过于那天下

图2-15 学习使用传说中的手铲。

午为期一个小时的野外调查。烈日高照,却使得我们的热情更加高涨。手中挥着刚发的考古小铲,兴奋得要命,心中别提有多开心了。先找断面,但这还需要找吗?山西作为文物大省,走在它的乡间小路上,两旁断面到处都是。于是乎,挥铲。在老师的指点下,我们很快有所斩获。数块陶片和一块蚌刀"出土"了。听老师介绍,这些至少都是两千年前的东西,我们的心里,除了激动,还是激动。第一次如此近地接触考古,第一次如此近地发现文物,也第一次如此近地体会考古人员的一丝不苟,因为每样出土文物都要登记编号,哪怕一块小陶片。天,很热,人,很累,但我们一百来位同学没有一位选择放弃。汗水滴在铲刀上,散开了一个美丽的笑。

餐桌上,谈东西南北中

由于日程安排的很紧,所以平时很少有时间交谈。于是,餐桌上,这一段吃饭的时间便成了我们交谈的大好时光。山西多面食,我们组恰好有四位山西的同学,他们便向我们介绍山西面食的做法、吃法。我们自然也不甘示弱，轮番介绍起自己家乡的特产。讲我们的海鲜是如何的地道，讲我们的面食是如何的与众不同。讲完吃的，再讲自己的学校，听他们说在学校都不用穿校服，把我们学校的四个给羡慕的。谈对每个城市的印象，谈对考古的看法，谈天，谈地，谈东西南北中。这其中，最难忘的，自然是最后一次聚餐。分别在即，虽然我们脸上都是笑容，但心中却都不是滋味。虽然才十天，但感情已经很深。有人提议，起座干杯，于是众人起立，以茶代酒，觥筹交错中，笑在脸上，泪在心中。但看到此时有许多组，已"残缺不齐"，我们组现在还是齐的，心中多少有些"安慰"。

最伤心，看众鸟高飞尽

7月28号晚上，是联欢晚会。但由于大家日程安排不同，所以，在晚会还没有开始时，就已经有一些同学离开了。晚会开始后，我们便全身心地去演，去看，暂时把伤感埋下。只是晚会结束以后，回到寝室，大家谈起今晚已经有人离去，伤感之情，溢满心头。7月29号上午考核结束后是座谈。在座谈期间，不断有同学向大家告别，全场悄然无声，随后，是如潮的掌声。在这掌声中，我分明看到，有不少人，眼角含泪，但嘴角全是微笑，因为这十天，是一个愉快而又深刻的旅程。我是我们组最后走的，于是，我一次次目送他们离开。一条条祝福平安的短信，甜甜的，酸酸的，醇醇的。今日的分离，是为着明日的重逢。或许，只有经历过分离的重聚，才更值得回忆。有时候，有时候，你会看到一切有尽头，王菲唱得真好。

十天，就这样过去了，悄无声息而又刻骨铭心。这将成为我人生中最难忘的一段回忆，回忆老师，回忆同学，回忆考古，回忆那段从太原到洛阳的旅程，回忆……

考古工作站的思考

2009夏令营营员
方洁　河南省林州市一中

昨天我们和田老师交流,他给我们讲了一些关于"夏商周断代工程"的事,猛然发现原来我们所了解的历史是残缺的,抑或是有瑕疵的。历史真相究竟如何呢?或许现在是一个谜,但我相信没有解不开的谜,真相永远只有一个。

下午,我们参观了侯马工作站和库房,这里应该算是考古者的家了吧,但说真的,这儿的条件并不是太好,库房里闷得

图2-16　观摩侯马工作站专家示范青铜器纹饰拓片技术。

要命，还有一股青铜所特有的锈味。我真的不太搞得懂为什么考古人员会把这当成是天堂呢？但是，我看到那些青铜器的时候还是很震撼的，我无法想象它们已经在地下沉睡了几千年，尽管它们看起来锈迹斑斑。青铜器、陶片、瓦片，那一切的一切，大概可以算作是连接现在与古代的媒介了吧，我们通过挖掘和探测，终于和古人对话，了解先人的世界，透过他们眼睛看世界，也许便是一种境界。

我很高兴地说，因为老师的耐心讲解，我终于可以分清那些青铜器的名字，什么豆啊、盉啊、鬲啊，虽然是很模糊的印象，而且估计睡一觉就会忘记，但毕竟也曾收获了嘛。

在一个工作室里，一位老先生为我们展示了拓片的整个流程，虽然不是过于复杂，但每一步都需要很大的耐心和细致严谨的态度。看着他细细地上胶，拍打，上墨，我真的很感动，在墙角已放了一摞文字、花纹的拓片。听老师说，拓片算是比较简单的工作，我大概可以想象那些在烈日下挖掘和在阴森墓中的辛苦。

工作站的院子里，有两座整体迁移出来的金墓。墓里真的很热，也不通风不透气。带领我们参观的王老师都讲得很认真，虽然他也直冒汗，但他对于墓中图案、仿木建筑如数家珍，真的太有激情了，呵呵！

七月,流火

2010夏令营营员
吕叶　山东省莱芜第一中学

第一天讲座中,作为主持人的徐天进教授给我留下了深刻的印象,瘦瘦的身影,朴素的着装,黑框的眼镜,我忽然觉得他就像一位苦行僧。他一定阅览过无数历史巨著,就像僧人的满腹经纶。这么说也许有些奇怪,但这就是我对田野考古人的第一印象。

经过接下来多位教授的精彩讲授,我更深刻地认识了"考古"这门学问。考古是什么?它是对历史的追溯,是对史料的

图2-17　北京大学中国考古学研究中心主任、北大考古文博学院教授徐天进在二里头遗址考古工作站库房内为大家现场讲解出土遗物。

证明，是对过往的感知，对时间的触摸。历史于字里行间浸透了血泪，考古则在行走中风雨兼程，它不存在于博物馆淡淡的灯光下，不存在于空调房中的高谈阔论之间。真正的考古，只有在田野中洒下的汗水和耗费的心血中才会滋长。在这里，一切都要拿实物与证据说话，没有自己的动手挖掘，永远没有权力去下论断，没有什么比它更细微与严谨了。一件文物上的，一个细微花纹，一个看似漫不经心的刻画符号，都值得我们去留意，去探寻，那是一门充满逻辑的学问。

考古，将时空隧道的两端串了起来。人们用今天的眼光看待过去，思考着每一个历史事件，每一件精美器物背后的点点滴滴。考古，为历史重塑了辉煌。正是考古，为历史的灵魂提供了寄寓的肉身。正是田野间的执著探索，才拼起了人类记忆的碎片。如果没有考古，历史便成了游魂，那是一件多么可怕的事！失去过往历史的人类，正如同没有了童年的个体，面对眼前的一片漆黑的无知，是萧索，悲凉，还是无奈？

考古，不仅承载过去，更加照亮未来！

在发掘工地

2010夏令营营员
杨逸舒　辽宁省大连育明高中

春芽破土，夏花绚烂，落叶归根。世间万物对土地的依赖都是与生俱来而终生无法割舍的。人也不是例外。当握着手中富有质感的木柄，怀着一颗谦卑的心，俯下身去，以手铲抚摸大地的或润泽或皲裂的肌肤，一种真切的归属感油然而生。

今天，我们来到了位于余杭市的茅山遗址，不仅限于远远地张望着考古人员们在一个个探方上的背影，而是第一次尝试亲手去发掘考古遗址。我们久居于现代化的水泥森林，身上背负着课业的沉重压力，鲜有与泥土亲密接触的机会。今天的实践活动并不只是简单地与久未谋面的泥土们亲近，更是要站在考古的高度上，通过泥土不同的土质土色以及包含物，来理性地分析泥土，判断泥土的年代，读取泥土中包含的信息，就如同雷老师所说的，用手中的手铲和脑中的智慧去翻动土地中的"无字天书"。

亲手发掘固然是带来了前所未有的感受，但今天发生的不愉快也同样让我难以释怀。我们在老师的带领下满心兴奋地踏入考古现场、准备开始"实践出真知"的时候，一名旁边施工现场负责人的闯入打破了此刻浓浓的学术研究气氛。环顾四周，挖掘机执著地工作，工人们若无其事地垒着红砖，仿佛这个遗址只是个不值一提的土坡，甚至于可以忽略不顾。旁边刚刚完工的高楼矗立着，傲气凌人地俯视着不知比它长多少年岁的遗迹，形成一种鲜明的对立，不和谐得那么刺眼。

图2-18 2010年参观茅山遗址，不远处就是房产建设工地。

也许有的时候我们太不顾一切地让经济花枝招展、尽显辉煌，却忘了文化这株默然的参天古木。考古作为众多文化学科中的一种，也许并不能像工业部门一样快速增加人均GDP，也不能像第三产业一样对经济的拉动效果那样立竿见影。但是，对于一个国家一个民族而言，考古是一门不可或缺的学问。一个民族不知过去，焉晓未来。"以史为镜，可以知兴亡。"只有通过考古对自己的过去形成完整的系统的认识，才能制定对未来正确的方针政策，同时让经济走向前所未有的巅峰，创建真正的和谐社会。文化与经济之间需要寻找一个平衡点，这不是单凭考古学者们就能完成的任务，全社会应该共同关注，共同保护。因此，考古的任务不仅仅在于发现历史、还原历史，同时也要教育大众，培养大众保护文物的意识，面对破坏文物的行为敢于拍案而起，来守护我们共同拥有的古代文物，让子孙有古可考，有古可论。

"路漫漫其修远兮，吾将上下而求索。"让公众理解考古，重视考古，这还有很长的路要走。但是，我相信在社会各界的努力下，"保护文物"也终会如同"保护环境"一样，成为人们笃信于此并亲身实践的不移信念。

北大考古夏令营随感

2010夏令营营员

刘燕婷　北京市第171中学

7月18日是一个令人激动的日子，我怀着满心期待，和来自全国各地的朋友们共同集聚到杭州，准备开始为期十天的北大考古夏令营活动。在这短短的十天里，我沐浴在考古夏令营浓浓的学习气氛中，不断汲取养分，了解良渚文化，也亲身感受到了考古的乐趣，实在是受益匪浅。在夏令营行将结束的时候，回忆几天中的经历，一段段美好的回忆浮现在我的脑海中，使我不由自主地舞动手指，将这些珍贵的经历化为文字保留下来。

心的开始——开营仪式及讲座

置身于古典文化气息浓厚的良渚博物院中，我深深地感受到了历史文化的魅力所在。开营仪式上，各位教授及领导的发言中寄托着对于夏令营和考古学界未来的期望，这使我更加明

图2-19　夏令营第一天考古专家为同学们讲解考古文物知识。图为2010年夏令营社科院考古所唐际根博士为大家讲述安阳考古故事。

白了自己身上所担负的责任。

在密集的讲座中,我仔细聆听着专家们的发言,对良渚文化以及考古学有了初步的了解。玉器上精致细腻的神徽、土墩墓奇特而严谨的建造方法、古今重叠式城市中难以解决的保护问题……我的心中充满了好奇以及对考古学的求知欲,也萌生了对考古学的向往之情。

忙碌的一天有个良好的开端,使我真正沉静下来,认真思考与体会考古学。

脚踏实地——茅山、玉架山遗址考古实践

在炎热的暑气中,我和大家一同前往茅山、玉架山的发掘地址进行考古实践。第一次站在真正的探方中,学习用手铲刮土与分辨地层。当我们通过土质土色的区别划分出一个十字形叠加的区域,成就感油然而生。雷教授传授了基本的地层学知识,告诉我们叠压与打破的概念,使我体验到了在田野考古中的真实感受。

通过田野考古实践,我体会到了考古过程的辛苦,但还是充满了兴奋,对实践的收获感到十分快乐。这也是考古学家们辛勤工作后的体会吧。田野挖掘可以掌握第一手资料,这样的机会十分罕有,相信它一定会成为我一生中难忘的回忆。

盗墓反思——绍兴印山越王陵参观

讲座中曾提到印山越王陵的规模之大、结构之奇,亲眼看到时我还是被深深震撼了。很难想象在遥远的两千多年以前,古人就已经掌握了如此精妙的修建技术,并且利用树皮、木炭、青膏泥进行严密的防潮密封措施。面对越王陵,我顿时产生了对古人才智的敬佩。

越王陵曾经几度被盗,使得大量陪葬品遗失,考古学家进行辛苦的挖掘后,能够出土的文物就少之又少了。对于盗墓,

图2-20　小雨中前往绍兴印山越王陵，这是越王勾践之父的墓葬。

我曾经理解的十分片面，只是感叹于盗墓者的高超技术，但在越王陵的遗址面前，我对盗墓的行为感到可恨与气愤，了解到盗墓对文物的破坏及对考古工作的阻碍。面对猖獗的盗墓现象，我们真的无计可施吗？我们还需要慢慢找到答案。

团结协作——小组活动与节目准备

夏令营的最后几日里，忙碌的活动之余，还要小组活动商讨联欢节目。大家凑在一起，激烈地讨论节目形式、内容，之后努力排练，使我感受到与同学们友谊的珍贵。

真的很感谢北大考古夏令营，正是这次考古夏令营给了我们一个契机，跨越广阔的空间结交不同的朋友，使我们建立了深厚的友谊。希望在未来的日子里，这段经历能成为我们彼此的回忆，可以勉励我们继续向理想奋斗。

草草写过，已有千字。在这有限的文章中，并不能完全表达我在夏令营的所有体会。只愿这些文字保留下我真实的想法，记录下我人生中一次重要的旅程。北大考古夏令营即将结束，但我对考古的兴趣还未止步。我会把夏令营当作起点，继续努力了解考古学，相信这就是北大考古夏令营的真正意义所在。

芳草萋萋稼穑处，千余年前是赵都

2011夏令营营员
路英豪　山东省莱芜市第一中学

告别了响堂山石窟，下午，我们去了赵邯郸城遗址。

天气很晴朗，我们走了好远的路，等登上真正的赵国城墙已汗流浃背。考古本来就是一件很苦的事，今天算是第一次体验。

邯郸城由王城和大北城两个部分组成，赵王城又由东城、西城、北城呈"品"字状布局。因为年代久远，我们只能从残存的夯

图2-21　邯郸赵王城遗址公园。在河北省考古研究所段宏振副所长的带领下，同学们登上赵王城遗址西南角的西城"龙台"遗址，感受到这一全国著名大遗址之一的历史魅力。

土城墙上想象当时宫殿的模样。夯土有几万方，都用小锤夯得很瓷实。我推算不出当时民工的人数，但从偌大的宫殿不足一年就建成来看，赵国的强大、王权的至上就可想而知了。

保存最好的是西城，城墙的痕迹隐约可见。中间的"龙台"是当时宫殿主体建筑的基址，站在"龙台"上可以鸟瞰邯郸城。现在邯郸市区正式坐落在当年大北城的基址上。而西城因为一直被农民作为庄稼地未开发建城，有幸留了下来。走在狭窄的山道上，看两边茂密的玉米地，已经很难想象，这里曾是村街里巷，寻常百姓家，帝胄王族府。沧海桑田，不禁让人生出感慨：历史在这里具象成残墙，但遗址终究抽象成历史，定格在心里。

邯郸古城两侧有沁河和渚河蜿蜒流过，东临齐，北靠燕，地理位置十分重要，交通十分便利。赵敬侯元年迁都至此，历经158年直至赵为秦所灭。邯郸见证了赵国的荣辱，那些劳民的宫殿，就在秦兵的践踏下金瓯残缺，香销玉殒，于是文臣武将，修女宫娥，王子皇孙都被历史的洪流冲散了，一代名城就此毁坏，逐渐变为废墟。

废墟是毁灭，是葬送，是诀别，是选择。时间的力量，理应在大地上留下痕迹；岁月的巨轮，理应在车道间碾碎凹凸。废墟是课本，让我们把一门地理读成历史。

灯下，想起白天的经历，诗兴大发：

> 昔日繁花开无主，密树掩映古城孤。
> 芳草萋萋稼穑处，千余年前是赵都。

——《咏怀邯郸赵王城》

废墟

2011夏令营营员

王一然　山东省临沂第一中学

赵王城的蝉鸣，传递着春秋战国的战火喧嚣；殷墟的甲骨文、神秘的符号刻画着史前的文明。司母戊的绿锈，寒风凛凛的尸骨，是时间留下的痕迹，带着自己的精神，从三千年前走来……

隆兴寺的倒坐观音有自己的精神。她头戴宝冠身着红裙，右腿搁在左腿上，微露笑意，不为来人所动，似乎有一种不渡尽众生永不回头的大慈大悲。更震慑人心的是，当你注视观世音的眼睛时，总会觉得大慈大悲的菩萨面露笑意的慈眼在安抚我们这些愚痴的众生。

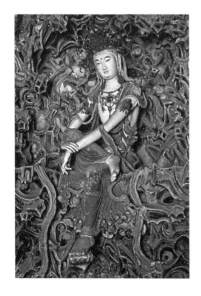

图2-22　河北正定隆兴寺内观音像。

"鲁迅先生视她为珍宝，赞美她为东方美神，还一直把照片放在书桌上，今天在北京的鲁迅故居仍然陈列着。"他是一种精神，一种敬畏，这种静和净让我感动。似乎每天为其打扫和拜谒成了一种很清淡很透明的快乐！

邯郸的赵王城有他自己的精神。三千年前，赵国谨慎的臣子们快步穿过奢华的大殿。三千年后，我站在龙台上，"品"字形的赵都宫城已无法分辨，长满了野草和树的龙台似乎成了一座坟墓。微风将思绪带回三千年前……赵国的百姓们忙碌在赵王城的基址上，"铿锵"的击打声不时传来，这宏伟的赵王城便在一年的铿锵声中建造起来了。可秦王的虎狼之心迅速膨胀，秦国的战火烧过来了，宏伟的赵王城在这熊熊大火中成为一片废墟。现在的龙台成了一条滴血的龙，当你踩在龙台的土壤之上，仿佛还能听到古老的赵王城在用低沉的声音诉说他当年的鼎盛。

后之视今亦如今之视昔，我们终究也会成为后人脚下的废墟。借用一位学者的话，他说"没有废墟，就无所谓昨天，没有昨天就无所谓今天和明天……人生就是从旧的废墟出发，走向新的废墟，废墟是起点，我们挟着废墟走向现代。"

望京楼刮刮记

2011夏令营营员
王冕　吉林四平市第一高级中学

到达望京楼时正天光大亮。阳光用力地打在每个人脸上。微微眯起眼，心里的激动却是一点也没有退去。听老师们讲解完，我们就迫不及待的冲向自己的探方，带着一定要刮出来什么的心情投入实践。

时间流过，我们除了一些陶片和骨头再没什么别的发现，沸腾的热情慢慢被烈日和平淡的发现磨灭了，看到隔壁探方的成果，更是心急万分。想起老师们说的"刮刮，再刮刮……"，我总算明白，听起来幽默的一句话，背后是多少的汗水、辛酸。我从来没把考古想得多浪漫，也自觉能吃苦、能付出。我有信心一定能搞定这块探方。可是，在真正的发掘实践面前，我原来的想法有些可笑。

蒋队说，考古要耐得住寂寞。其实，我觉得并不是没有发现就受不住，只是我对考古的憧憬太强烈，强烈到看不见考古的本质是什么。今天雷老师说了一句话让我终于明白了考古的真谛："考古就是在翻一本无字天书。"于是，我在刮土的时候就开始想象，我站在几千年前的土地上，我在同我们的祖先的灵魂对话，我猜测每一块陶片与骨头的来历……最后我发现，没有发现也是一种发现，那就说明这里什么也没有嘛……

考古也许是一门寂寞的学科，可是她有我们祖先的辉煌为伴，让现在的人了解过去，同过去的人对话，了解他们的政治经济文化，我觉得这就是考古的意义。不管以后是否有幸从事考古专业，我都一定会一直关注它，并且在人生的道路上刮刮……再刮刮……

雨中定窑行

2011夏令营营员

张雅婷　江苏省宿迁中学

窗外雨纷纷，无情地打在车窗上，如泪痕般流下，也正如我此刻的心情。原是抱着欣喜的情感接受这一次外出，可现如今雨是越下越大。我的心也是万分焦急。终于到了定窑，雨势未减，忽然有人提了个建议，愿意去的人去，不愿意去或身体不舒服的人就待在车里。心中一阵激动，二话不说换上凉鞋打着雨伞，开始我的定窑之旅。这个决定，注定不会后悔。

远处山川绵延起伏，半山腰缠着淡淡的青烟，满山遍野的青草还有不知名的小野花，沾着晶莹的露珠。扑面而来清新的空气，裹挟着清凉的雨滴，我不禁爱上这份恬淡的宁静。与世无争，无忧无虑，在这里和志同道合的人一起做学问将是件多么幸福的事情。

在山坡上的小作坊里，我们围着雷教授，共同探讨烧制瓷器的过程，再加上眼前开采的定窑遗址，效果远比在学校里上课要好得多。"纸上得来终觉浅，绝知此事要躬行，"对于考古，更是如此。通过雷老师、陈老师等人的详细介绍，我了解许多关于胎釉、施釉、化妆土、碾子、火塘、匣钵装烧、纹饰过程等相关知识，惊奇于古人在当时的社会条件下所具备的高超的技术。其中有个小插曲，当雷教授在介绍匣钵装烧时，我将火塘后面的几个方块比作抽油烟机，雷教授夸我这个比喻很形象地说明了烟引的功能，我非常开心。

图2-23 2011年走访河北曲阳定窑遗址，身临窑址体会陶瓷的生产流程。

下午参观了正定隆兴寺，原名龙藏寺，始建于隋。此时，天已放晴，跟随美丽的导游小姐，我理解了五彩四大天王的象征意义——风、调、雨、顺，领略到释迦牟尼及二弟子的忠实虔诚，惊叹于壁画艺术的精妙绝伦，感慨于天王殿、摩尼殿、慈氏阁、转轮藏阁、毗卢殿等建筑艺术的巧夺天工。

最令我印象深刻的还是被鲁迅先生赞誉为"东方美神"的观音彩塑。它最吸引人的便是跷起二郎腿的姿势，眼睛注视着我们，微露笑意，一派闲适自若、怡然自得之态，一扫以往所见菩萨的严肃。他头戴宝冠，项饰璎珞，披巾自肩下垂，身着红色长裙，真不愧为"东方美神"。

一天之游，让我的身体"无边落木萧萧下"，可精神却是"不尽长江滚滚来"！通过一天的感受、讨论和实践，更坚定了我日后从事考古的决心。我会珍惜接下来的七天，争取每天都学到更多，每天都过得精彩。

考古好像是一扇窗

2011夏令营营员
张亦弛　北京大学附属中学

今天，我们参观了河北邯郸市西南的响堂山石窟。窟内精致的景观自然不必细说：不必说飞天自由快乐的在窟顶翩翩起舞，不必说菩萨"曹衣出水"的惊艳典雅，亦不必说那数千座形态各异、安宁祥和的千佛洞。然而，通过这栩栩如生的千古遗物，我却听到了历史沧海之中的长叹，沉重的敲打着我心灵的窗户。

南响堂山石窟还像一个真实的北齐的缩影。从横向来看，北齐的寿命短，可文化的融合都能体现在这一方小小的石窟里。在玲珑小巧的千佛洞，我仔细观察了佛光，居然是火焰纹！这是波斯文化的体现，说明了当时北齐的开放与繁荣。从纵向来看，北齐造像模式既独立于敦煌、麦积山石窟，亦别于龙门、云冈石窟。一方面，佛像头戴宝冠，衣着华丽，有"曹衣出水"之风，实开唐宋之造佛之先河，另一方面，佛像面稍丰满，高鼻深目，体现出了少数民族的彪悍勇敢，令我想到了少数民族执政就依少数民族造像的例子，即"佛道是人间"的道理。

透过佛雕，我看见了佛教的兴衰，以及佛教知识数千年来在响堂山石窟的发展史，窟内经历过如北周灭佛等数次灭佛活动，其破坏的时代痕迹深深地烙在响堂山石窟的窟壁上。尽管如此，窟内仍然保有的丰富遗产使我深刻地了解了佛教知识的博大，"出游四门"维摩诘刻经，《大方广佛华严经》的故事深

图2-24　河北省邯郸市响堂山石窟内浮雕。

深地打动了我，消除了我对佛教的历史偏见。

　　本次实地考古不仅增长了我的见识，更增加了我对它的热爱。考古好像是一扇窗，通过它可以看到的是辽阔、清澈的历史的天空。那广阔的天空不仅需要的是一腔热情，更需要的是扎实的功底与发散性的思维，我还要走得路还很长，但尽管前方长路漫漫，我相信我一定会努力走下去，努力的完善自我。

孤独，但不寂寞

2011夏令营营员

李少涌　山东省寿光市第一中学

承受孤独是一种生活的艺术，是精神境界得以提高的一种途径。只有能够承受孤独的人才是高尚的人，只有承受过孤独的人才能懂得如何生活，才会生活的精彩，越孤独的地方总会吸引更出色的人。

中国社会科学院考古研究所安阳工作站，并没有华丽的外表、先进的设施，甚至可以说带有一种原始古朴的感觉。但整个工作站却不存在颓败的痕迹，所谓"君子居之，何陋之有"如人一般，价值不在外表，而在内心，内心的博识会弥补外表躯壳的不足。虽然条件并不繁华，却让一位位专家在此潜心研究，做出了可喜的成果，这正说明了外部环境不是决定因素，主观努力才是成功的基础。

考古就是这样一门学问，从事考古的人须得忍住孤独，还得接受失败，要的就是一种伊斯兰教教徒朝圣的虔诚和持之以恒，一种埋头苦干的冲劲。事实上，当一个人真正热爱他所从事的事业时，就不会觉得整天浸在其中是孤独，而是一种享受，一种快乐。何谓"痛快"？是先痛而后快。懂得了这个道理，就会保持平和的心态，具有了享受孤独、战胜孤独的精神支柱。

遍布工作站的爬山虎，在外人看来，也许是隔绝阳光的障碍，但在工作站里的考古学家眼中，或许是营造了安谧环境的贴心朋友。

呼救

2011夏令营营员
胡晓璋 湖南长沙市南雅中学

今天,我们的行程十分紧张,总共观看了四处地方,觉得一天虽然累点,但却十分充实。

我们来到了安阳殷墟遗址。这是中国考古发源的地方,也是中华文明的发祥地。这里,有着众多甲骨、青铜器、车、马、墓葬。踏上这片土地,便觉得这是逾三千多年前那个神秘的商王朝进行一次跨越时间的会晤。

商朝人聪明:他们利用象形文字将商王的活动、商朝的经济政治情况记载下来。商朝人迷信:他们好占卜,无论是天气这

图2-25 参观安阳殷墟博物苑车马坑。

样的小事，还是祭祀这样的大事，他们都爱用骨或甲占上一卦，欲知吉凶。商朝人手巧：他们制造出一件又一件花纹精美、造型独特的青铜器；他们在易碎的玉石上雕上平面蟠龙或石雕处雕立体龙纹；他们利用身边的材料，造出一件件既实用又美观的艺术品。商朝人骁勇：他们两人驭马车，在马车上与敌交战，用腰身间的弓形器驭马以此腾出手来与敌厮杀；商朝人残忍：他们好杀人，尤其是羌人。大兴土木时，他们总是先挖奠基坑，埋入十多人作为一种仪式完成后，再动工修葺。

这便是咱们的祖先，这是我们的"根"。面前的一切古物、古迹仿佛都在诉说着一个古老的商王朝的故事：他们钟鸣鼎食，他们大杯豪饮，他们嗜血迷信……在这其中还有很多个"为什么"，他们为什么爱杀人，他们为什么迷信占卜……还有一些未发掘的东西需要缀连。考古正是在寻找着蛛丝马迹来还原过去的故事，发现过去的规律。

随后，我们参观了安阳考古研究所。不算多大的地方，但"麻雀虽小，五脏俱全"。整理室、展品室、资料室、档案室都井井有条的布局在研究室里。特别是安阳考古所的资料数据库，这可是全中国最顶尖的了。老师谈起殷墟发掘，双眼便神采奕奕起来。他说，如今殷墟已被发掘了八十年，但地底下仍有更多的宝藏等待着发掘，再掘个两百年也不成问题。

但是，理想与现实总是有差距的。老师说，遗址的开发工作是国家控制规划的。那些他们想发掘的地方，又得不到经费的支持。这就是考古工作中经济效益与文化保护之间的冲突了。如今殷墟正在得到开发，但在开发的同时又得不到合理的保护，这是对文物的破坏；若将考古发掘全展示给老百姓看，又一定会对这些遗址造成负面影响。那到底是挖，还是不挖？这也是一种矛盾。

在我看来，这样的矛盾冲突是建立在中国的畸形发展之上的。一方面，GDP飞速增长，跃居世界第二；另一方面，文化生活却很扁平。这种发掘失衡，使开发商、规划局眼中只剩经济效益而不在乎其背后的历史文化底蕴。这是一种目光短浅，避重就轻的做法，是极不负责任的。

但是，就目前情势看，精神文化层面的东西无法飞速发展，也难以"虚假繁荣"。这些冲突，这些文物遗址的呼救声，我们不能置若罔闻！我愿担起责任，毕竟，保护它们就是保护我们中华命脉，保护我们的源头，保护我们民族的"根"！

十天，考古夏令营的日子

2011夏令营营员

李玥　山东省莱州市第一中学

考古是什么？以前的我对此一知半解，以为考古就是发现历史遗落的甲骨，探访土中深藏的铜鼎，凿穿紧闭的墓穴，开启无尽的宝藏。怀着无限神往，我参加了第四届全国高中生考古夏令营，扬起我理想的风帆……

——题记

轻轻翻动考古夏令营的手册，海浪般的湛蓝，涌起十天的点点滴滴……

开营那一天，北大震撼了我：校园壮美到让人不知身在何方，一塔耸立出威严，一湖荡漾出柔和，一树飘逸出俊美，一草点染出生机，百年的韵味就从这山山水水，砖砖瓦瓦中渗透出来。

第二教学楼205教室，我铭记的地方，夏令营开营的地方，四场讲座举行的地方，在这里智慧碰撞着智慧，考古激荡出火花。忘不了那精彩的讲座，它们将我拉近考古。我惭愧于曾经的无知，向往着神圣的考古。惊叹考古学的博大精深，钦羡北大教授的博学多识，敬佩实验室工作者的敬业奉献，不敢想象已成教授专家的他们会是这般平易近人。于是，我坚定了心中的理想：将考古进行到底！

接下来的行程，让我对考古有了更深，更生动直观的认识：响堂山展现了石窟的神秘；殷墟讲述着不朽的传奇；文字博物

图2-26　望京楼遗址进行田野发掘实践。

馆,那是东方文明的灿烂;青铜陶瓷,那是中华智慧的闪亮……

当然,最让人难忘的当是望京楼的实践:第一次走进考古现场,第一次握住手铲,第一次亲手挖出陶片、骨头,那种自豪感与成就感无法表达,那一刻我感受到了历史的脉搏在有力跳动,千年的秘密在等待开启。忘记了酷热与疲惫,我认真落下每一铲,用心描绘我的考古画卷。

老师说,考古不是找宝藏,不能将眼睛定在一点,要大处着眼,整体研究。我们的任务是找出不同土壤的分界线,这需要的是团队协作。当我们把各自挖的连成一片时,巨大的成就感包围着我们。我知道了,考古不仅需要个人的智慧,更需要团队的力量。

夏令营的十天,我除了学到大量知识,也收获了真挚的情意。我的晕车症比较严重,文医生悉心指导用药,赵老师无微不至关怀,队友们轮流陪伴照料,点点滴滴,我看在眼里,感动在心里。

十天的朝夕相处,十天的风雨同舟,转眼啊,分别就到了眼前。闭幕式上，老师们提出殷切希望，面对不容乐观的考古现状，他们激慨非常，盼望着新一代的我们为中国考古做出新的贡献。联欢会上，营员们各显其能，老师的加盟，更是锦上添花，一首深情的《小酒窝》，将队友的心紧紧拉在一起，从此，天南海北仍是一家人。

考古夏令营，将四海的我们聚在一起，播撒考古知识，深种考古理想，老师们的言传身教，激励我们献身考古，为考古事业明天的辉煌埋下伏笔。梦想从此起飞，我给未来庄严的承诺：考古事业，一定有我！

明天就出发

2011夏令营营员
王茹钰　山东省青岛市城阳第一高级中学

在来之前，想过很多次，这次的杭州之行将是怎样的一段旅程。当今天早晨拉开窗帘，向这个仍然在沉睡的城市道一声"早安"之后，我知道，这段旅程算是正式开始了。

今天的行程不算太紧张，虽然一天听了四个讲座听起来有点儿惨……最喜欢的是上午的"考古是什么"的讲座，喜欢那句"考古是一种生活方式"，也喜欢那句"上穷碧落下黄泉，动手动脚找东西"。

其实，对于考古，我一直认为这是一个很浪漫的学科。浪漫，是它能够给你恰到好处的孤独，而这种孤独是一种让人可以冷静思考、判断的力量，也是一种让人在失败时仍保持积极向上的勇气。浪漫，它能够带给你的至高无上的快乐，当千万年后的我们让属于千万年前的祖先的杰作重见天日的时候，那种快乐的感觉大概真的像沉睡在血脉之中的力量再次觉醒了一样吧！浪漫，更在于它带给我们的启示，这种启示不仅仅在于某个遗存本身含有的意义。特别喜欢在文博学院的网站上看到的一位硕士生的一句话："千事万事，须落得如何做好眼前事；千人万面，了于胸只为保持真性情。"我想，理解过去、现在，甚至能够规划未来，并在个人成长的历程中塑造性格，这也算是考古学的目的之一了吧。

讲座并不是我的爱啊，还是期待明天下午的遗址参观。如果以后真的有幸能够进入北大考古文博学院，那么就可以很自豪的告诉别人，我从高三之前就和这里接下了不解之缘，哈哈……

让历史变得立体

2011夏令营营员

陈明婧　重庆市第一中学

今天给我的触动真的很大。如果说考古是我梦中魂牵梦绕的轮廓，今天我终于触摸到了它的血脉。温热皮肤下的跳动比我想象中更为坚定与深沉。我是怀着一种忐忑的心情来到夏令营的，每一个人都对我说，考古并不如你想的那样有趣与生动，它繁琐，无味，以至于枯燥。种种言论让我不由疑惑，这份喜爱与向往是否足够强大到让我继续对它的追求？事实告诉我，考古，有足够的魅力让我陶醉。它恰似我想象的那样：安静，沉重，意蕴深长。

也许这听着多少让人觉得匪夷所思，一段城墙，一片平整得没有起伏的墓地而已，何以让我沉醉至此？但是，这却实实在在发生了。每一块石头，每一颗沙砾，一旦带上了历史的味道，便变得特别起来。每一个土层覆盖下的都是满满的聚散离合，笑言悲伤。有一种，怎么说，时间的流动感。

考古让历史变得立体起来。这是我收获最大的地方。历史并不是历史书上单调的墨色铅字，是一张张笑脸，是一声声低吟，他们不是平面的影像，而是与我们一样有情绪的人。他们畏惧这天地，他们汜水而居，他们会望着广阔的水面与波涛担心忧虑，他们会欢快地在土地上耕作憩息。一切的一切，让我扼腕叹息：我已经错过了多少美丽的人和事。

另外给我震撼就是刘斌老师，我想在我以后的日子，他的

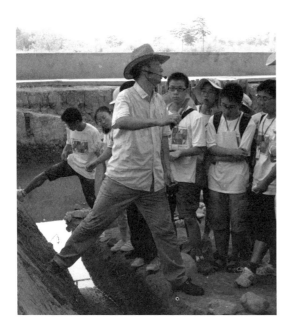

图2-27 浙江考古所刘斌老师在良渚古城西城墙遗址为大家讲解。

影子也会长久地留在我脑子里吧。

田野上的刘斌老师和教室里讲着幻灯片的刘斌老师,完全不同。稚气,欢快,自由。是真正将一颗心奉与考古的人。一件被汗浸得透透的衬衫,被风吹得飞扬起来,带着一群孩子沿着东苕溪走着,像是挥斥方遒的大将军,又像是领着客人参观"家"的好客主人。刘斌老师和反山之间有一种归属的关系,如此契合如此协调,令人羡艳,令人想要会心一笑。

也许这就是真的考古,隶属于田野,隶属于历史,隶属于安静与沉重。只有这一片掺杂了历史的土地,是他们最后的归宿。

良渚记

2011夏令营营员
张烜赫　山东省龙口第一中学

今日，余至良渚博物院。入院，遂见东洋之师师村妙石之篆刻展，其刻印师从吴昌硕，精妙无比。或谓余曰："东洋之师乃谙此道，吾中华岂无人乎？"余一笑置之，未予理会。须知文化者，固民族之文化，然亦世界之文化也。若闭关而自守，则是画地为牢，自取灭亡之道也，文化必为一潭死水。曩日朱子有云："问渠那得清如许，为有源头活水来。"斯言得之。

至院内，有良渚玉器展，微独玉钺，亦有玉琮、玉璧、玉璜等诸类宝玉，余叹为观止。五千年前之先民，未有今人之智，而已制今人难制之器，一何奇也！而今人乃鄙古人，谓古者应悉摒除，一何愚也！余于此，又叹夫中华文化之高妙，诚非今日俗学所能明。微哉微哉，先民之智！余忽忆近年风水之兴，感触颇深：昔世人不察，以风水为所谓封建迷信者，妄议抑之。以己不明其道而欲抑而废之，实愚而庸者之所为。幸而近年世人悔悟，以之为科学，亦可贺也。

午后，余随队赴野外。五千年前之皇城，今已为蒿草所覆，杳然将无迹，不亦悲夫！清末有至金陵而赋诗者，诗云："可怜十年天王府，化作荒庄野鸽飞。"良渚类之。唐谪仙李太白亦有诗云："吴宫花草埋幽径，晋代衣冠成古丘。"沧海桑田之变也，而余近日见之。余见此颓败之景，忽想待我百年之后，余之后人不知记我与否，心中颇怅。人生于世，须有贡献于时、于世。若如此，则余必潜心治学，以期有所成就，俾余百年之后，犹有人知余而以余为傲，此余之愿也。

古城·遗产

2011夏令营营员

敖韵遥　重庆市第八中学

若把杭州比作美人，那西湖好比西子美；若把杭州比作君子，那昔时南宋临安尽显其玉树临风。而他们得以不老至今，是有多少人为其付出，或艰辛或汗水，来换得这些遗产的永恒。我想，今日上午西湖申遗故事和南宋临安城专题讲座能让我们去了解那些感动与不易，是如今的美背后深刻的东西，或许只是些许，却非常难得。

以前曾觉得世界遗产不过是一个虚号，一个形式，是景物，是历史，该在那里还是在那里，没有变化。如今才深刻理解到，申遗工作的认真与严谨，是一座城市，乃至一国人民对西湖最高致敬，是让西湖真正代表中国山水美学的文化遗湖走向世界；申遗工作的复杂和严格，是对全人类的遗产负责，也是对西湖之美和千百年来用心呵护她的那些人们的肯定。天下西湖三十六，就中最美是杭州。西湖之美在山水更在人文，她的兴衰有着全杭州人民和历代先贤的保护陪伴，她的风雅是醉人歌曲，动人诗画，感人传说，她如今依旧是那么波澜不惊地躺在那，一如出土的文物被静静地陈列在博物院，而它背后的故事，挖掘探寻时的艰辛风雨，才是她真正能够演绎千古的原因。

南宋临安，昔日繁荣之都，今朝古风犹存。虽是匆忙定都，却也是相当考究。建造时耗费多少人力物力不得而知，但知考古学家用尽多少年岁，才将其寻觅到并保存至今，竟也在千百

图2-28 摄于杭州胡庆余堂中药博物馆楼上。

年后出土之时尽显风华。在我们了解了临安城的布局特点和历史风情及细节设计后,也为下午真正踏足此地打下了基础。下午我们行过中山南路,穿过巍峨的鼓楼,参观南宋御街遗址,三省六部遗址及太庙遗址。或许如今的他们沧桑过后繁华不再,但三省六部北围墙做工考究而八百年仍不走样,南宋晚期石砌水闸至今泉水汩汩流出,曾被评为全国十大考古新发现的南宋御街,每一砖一石都向每一位观望者诉说着它一路走来的历史。

途中也参观了胡庆余中药博物馆,它在这条古色古香的步行街上独显风韵,不光是它的建筑结构更是藏药的故事。以胡雪岩创办为起始的独具特色的兴衰历程,使该地方有浓浓的药香也有浓浓的历史沧桑,吸引着我们。真希望以后能多参观像中药等代表中国独特文化的博物馆和历史遗址。老人们总是不信西药却特信一中药方子,再苦涩却也是中国人的根。我也相信,中药或许不能治愈,却能养身,补人,全身心调养以治根。前阵子得知中药企业竟无一在欧洲正式注册,而若未完成注册将不允许在欧盟境内销售和使用。国人或许愤怒欧盟似有抵制中国如中药企业发展之嫌，但不论是否片面或过于苛刻，我们首先得壮大中药事业传承和销售市场。中药是历史的产物，绝不是所谓在某地区该有多少年使用历史可以打败的。这其中种种复杂原因和困难，还需我们新一代青年学子去努力解决。

　　游走于历史千古，而英雄还看今朝。满眼中华之美，从我开始，用真心去爱。

我爱这美丽的城

2011夏令营营员

陈阆　北京师大二附中

眼见着夏令营的生活已经度过一半，整理思绪的日子在今，竟有点不太适应，是太丰富的一天，博物馆、西湖和孔庙，没一个不是动人心旌的地方，于是决定细细叙来。待后，再做回顾展望之事。

喜欢博物馆早已到了狂热的程度，浙江的良渚博物馆，亦是别有风韵，透着江南的精细润泽，这方水土的性格无微不至地渗入文物的核心，让我叹为观止。玲珑的玉璧，细腻缠绕的花纹，像风吹过草的痕迹印在洁白的玉质上，我蹲下来痴痴看了很久，那种美，似乎让我嗅到了花的香气。还有铜镜子，我有时候觉得自己真够肤浅，但那真是我最喜欢的物什。精致的花纹，岁月的侵蚀未夺它的光彩，那样倔强的夺目，逼人的辉煌。还有那些铸剑，我忍不住与它们合了张影，千载悠悠依旧是寒光灼人如同新呈上的瑰宝，让人看一眼竟觉得恍如隔世，错乱了春秋。十里红妆美得让人咋舌，青春期的小丫头心里激动起来，等到我的婚礼，一定如何如何……拔步床曾在书上见过，设施完备得像一间小居，让人心中生妒，似乎对能享受其床的小夫妻眼冒绿光。

我该怎样去形容西湖呢。重游湖畔，树木的葱茏，湖水的盈润，雾气蒸腾，菡萏娇滴，内心充实饱满。每走一步就觉得是在一个难再的梦里，怎样珍惜，也觉得不太够用。和仲老师的不靠谱小队伍走到了不知道哪个奇怪的地方，一路心惊的同时看了无数别致的风情。葛爷请我冰淇淋啦，好开心，这两年我就盼着这

图2-29　游览西湖时这支不靠谱小队在不靠谱队长带领下走得太远了。

冰淇淋呢，真没在西湖边上以外的地方见过。晚上和几个姑娘小伙子去西湖边看喷泉，的确漂亮。这个城市，慵懒和包容像她的语气一样包裹着、滋润着内心。我早上在早点摊买了个粽子吃，太逗了，粽子还能当早点……好吧，也许是我少见多怪。没有一点类似于吴牛喘月的惊诧，怎么能算体会了一个陌生的生活节奏。

去孔庙了，是我去过的第五个。北京，曲阜，苏州，西安，现在是杭州。从山东参加知识大赛回来落下了毛病，每去一处孔庙，必对比和曲阜"总部"的建制差异。还是一样，府学体制在那摆着，杭州孔庙的政治意味不得不明显昭著，而曲阜那处更有教育的意味，这似乎成了不变的原则。

前几个日子，回顾、反思，学到了很多，已经尽我所能在记背，无奈仍有遗落，只恨不能把日子拍成电影，回到家，再慢慢玩味。笑得很多，有的说是真的开心，有的是为了给自己加油打气。在累的时候，在目标模糊的时候，喜欢给自己一个微笑，照照镜子，自满一下。对自己的满意很重要，打个比方，我这几天干得不错，往后的考古实践一定会更好。

我宁愿乐观下去。

我爱这美丽的城。

考古夏令营小记

2011夏令营营员

张嘉俊　北京四中

2011年暑假，来自全国各地的近百位高中生齐聚杭州，参加北京大学第四届考古夏令营。我们与北大的老师、学长们共同度过的十余天，充实而欢乐，成为我心中美好的记忆。下面是我截取的有关本次夏令营的几个侧面，以纪念这美好的十四天。

相见时难别亦难

我们这些来自五湖四海的高中生们被平均分成八个组。我们组的几位同学也彼此相识了。记得与我同样来自北京的陈寯，豪爽热情，跟组里每位同学都很快的熟络起来，后来我们推举她做组长，十几天里她也尽心尽责，对我们照顾有加；记得我的舍友邓航，因为航班延误，报道那天他凌晨才赶到。后来我们成为无话不谈的朋友，常常在一天的辛苦后彻夜长谈，交流探讨一天的收获；记得才女敖韵遥的文章登上了博雅论坛，获得了老师的好评，后来还在联欢会上担任了主持；记得西湖湖畔，我们畅谈梦想，约定在未名湖畔再相聚；记得分别的那天，大家的不舍，还有眼中闪烁的光芒。

春蚕到死丝方尽——安吉遗址

安吉遗址考古发掘队队长田正标老师亲自为我们进行讲解。同学们围住田老师，听得认真，有的同学低着头不停记录，有的同学使劲伸直胳膊，让手中的录音笔能离田老师更近些。不经意间，我留意到田老师握住扩音器的手竟在颤抖，心弦被猛

图2-30　参观安吉遗址参观，田正标队长为营员们讲解。

然间触动了一下，从心底涌起一种感动。我通过网络了解到田老师是1965年生人，与我的父亲年龄相仿，而正是长时间的野外工作，酷暑严寒，风吹日晒，损害了田老师的身体健康。看着田老师站在遗址旁边，声情并茂的为我们讲解安吉遗址的发掘历程，听着田老师话语中的自豪与骄傲，我能感受到田老师对安吉这块土地的热爱。在条件并不很好的安吉，田老师就这样扎根下来，脚踏实地，兢兢业业地从事艰辛繁重的野外考古工作，不但没有动摇退缩，而且能以之为乐，将全部的心力都灌注到这一份事业中去，一念至此，我不禁产生了深深的敬意。告别时，我留意到田老师的眼中有光芒闪烁，那是对事业的奉献与奉献带来的幸福。

要使长龙复旧观——杭州太庙遗址

这是让我记忆特别深刻的一次参观,一节复原的太庙基坐立在原址,而其他部分遗址都掩埋式保护在地下。现在的这里是一个开放式公园,公园设计恢弘大气,古风蔚然,与周围的城市环境浑然一体,实在是现代都市城区古建筑古遗址保护的典范。昔日太庙遗址能有如今面貌,多亏了杭州市文物保护管理所所长杜正贤老师的极力争取,而今日的开放式公园,也正是出自杜老师的手笔。近期,北京某单位创出"维修性拆除"的新词汇,我就想起了杭州的太庙遗址公园,相比之下,高下立判。由此我也想到,考古和文物保护工作,并非只是考古工作者的责任,亦是为政一方的官员的责任,文物的存亡与地方官员对考古与文物保护的认识深浅、对文化的重视程度息息相关。

在报名期间及暑假结束后,都有同学问我,你一个理科生,又没有打算学考古,为什么要在这个对准高三学生十分紧要的暑假去参加这个夏令营?当时我未加回应。现在想来,倒是有多方面的原因:其一,读万卷书,行万里路,夏令营这种形式对增长阅历大有裨益;其二,我是校考古社的社员,参加过多次北大组织的活动,对考古有兴趣;其三,我亦从小心怀燕园梦,对北大心向往之,借此机会感受北大老师、学长们的风范,接受熏陶。而从上述三个侧面,我更深深感受到,对于每位高中生来说,参加考古夏令营至少有三个动机:结识朋友,增长阅历;接触大师,增长学识;了解考古,增加认同。

因此,不论学文学理,是男是女,也不必在意是否了解考古,只要是怀有上述动机的高中生,都可以参加北大考古夏令营,相信一定会受益匪浅。

载歌载行——诗词篇

图2-31 晋祠内的古树。

在这里

2008夏令营营员
姚淼 浙江省嘉兴一中

在这里，
踏上半坡的层层阶梯，
俯身张望几千年前的黄土地，
那荒凉的面貌　近乎原始；
再凝视，
粗犷中带着细腻，
哦 千年前的美丽！

在这里，
一排排秦俑，扑面而来的不可抵挡的气势，
一匹匹战马，威风凛凛呼之欲出的雄姿，

秦王扫六合，再次演绎，
事死如事生，生生不息，
哦，千年前的奇迹！

在这里，
碑石如林般伫立，
笔墨阵阵飘香，
如痴如醉，读不尽无数文人墨迹，
魁星点斗，状元泮池蘸笔，
篆隶、楷、行、草、名家荟萃，神韵飘逸，
哦，千年前的诗意！

在这里，
大雁关心人们的疾苦，
人们回报大雁的好意，
化雁为塔，数千年屹立。
登塔而望，
整个城市匍匐在塔底，
映照在我们眼底，
哦，千年前的标志！

在这里，
连绵深山中的一曲信天游，
随着几道山坡热透你的心底，
窑洞窗户上的一串红辣椒，
像冬天里的一把火，
那溢出耀瓷海碗的米酒和发自肺腑的祝酒歌，

让你千杯不醉，回肠荡气。
哦，千年的伟力！

在这里，
帝王将相静静安息，
千古兴亡，百年悲欢，一时登览。
每一块汉瓦，每一幅簪花仕女图，
都上演着大汉雄风，盛唐霸气。
哦，千年前的沉寂！

在这里，
在广袤的周原大地上寻找歧邑，
惊喜与失望交集在一起。
神秘的土地即将开辟，
期待美丽的新天地。
哦，丢掉前的秘密！

在这里，
我们投下脚印，汗水与努力！
在这里，
我们从今天审视原始！
在这里，
我们立下保护文化遗产的壮志！
从这里，
我们以世界为目的地！

无题

2008夏令营营员

陈楚羚　福建省福州一中

是什么让沉睡地下的文物苏醒?
是什么让历史遗留的痕迹重现?
是什么让无声倾诉的呓语回荡?
是考古。
是什么经历每一个未知又解答每一个神秘谜团?
是什么拂去每一片尘土又崭新每一片陈旧的面孔?
是什么弥补每一处裂缝又唤起每一处沉睡的灵魂?
是考古。
是谁逐层翻阅不同的地书?
是谁逐一划分规则的探方?
是谁逐个端详类似的沉淀?
是考古工作者。
踏着考古者留下的岁月足迹,
远古的日历又被翻回。

新石器时代里,
仰韶文化沉淀在黄河流域。
打、贴、磨、钻擦起智慧的火花,
鹿纹、鱼纹、网纹,几何纹纹饰自然的信仰,
尖底瓶舀起生命之水,

人面鱼纹盆承载图腾崇拜，
壕沟隔离肉体的存在，
小孔承启灵魂的流通。
分封制长河中，
周原密码镶嵌在关中西部。
簋、罍、尊、盉装盛酒水的醇香，
骨刀、蚌镰、陶盆、陶罐拼凑文明的图案，
玉玦耳环绕套殷美境界，
刻辞卜甲劈开静谧景象。
二百九十四年风雨，
秦国墓地深躺在凤翔县城。
金、玉、铁、骨塑造逼真的造型，
祖庙、围墙、中庭、凌阴环抱严整的雍城，
黄肠题凑折射社会变迁，
秦公陵区展示独霸风范。

千古第一陵两踏渭水骊山，
马车席卷技艺大地，
俑址串联宏伟的气势，
铬盐氧化焕发吉金铸史光辉，
写实风格开启雕塑史艺术之窗。
西汉银河帝陵璀璨渭河两岸，
阙门推拉等级观念，
彩绘泗散写意手法。
马踏匈奴叹不止"东方金字塔"，
金缕玉衣说不尽荣华富贵。

大唐舞襟乾陵演秀于梁山，
翁仲守候"关中唐陵之冠"，
石碑会聚元素精华，
墓道延伸历史定格，
壁画流露生活气息。
唐朝溢流雁塔光彩于古城，
梦见文经藏存蕴静心，
刻线画彩明媚佛教。
盛唐鼎立法门寺靓影，
双凤衔绶吉祥如意，
空心佛祖满腹经文。

图2-32 陕西历史博物馆。陕西古代史陈列，精选了两千余件珍贵文物集中展出，包括：史前彩陶器皿，反映周人兴起与鼎盛的青铜器，反映秦扫六合、统天下的青铜剑、弩机、兵马俑等，以及显示秦汉奋发精神的钢建筑构件、大型瓦当，还有反映封建盛世繁荣景象的唐代金银器和唐三彩等，并配以遗址模型、图表、照片等辅助展品，系统地展现了自一百一十五万年前至1840年陕西地区的古代历史。

历史长老的敲门之声永不停息,
考古学者的脚足之印永不褪变。
考古的光芒透过历史的绿叶缝隙,
在现代工业这片广袤的土地上,
留下
斑驳的影子。
但
现代工业驱逐光芒,
斑驳之影无处容身。
锡杖敲打大地,
銮铃响彻云霄。
这是否在昭示各自伤痛的弥合?
考古的魅力已经给明了谜底!

七律 · 晋祠怀古

2009夏令营营员

刘方舟　辽宁省抚顺二中

当年桐叶此封唐，
祠宇依然对夕阳。
三晋江山无定数，
千秋霸业几兴亡。
雄才未有传三世，
贤水犹堪润一方。
看尽盛衰无语立，
唐槐周柏自苍苍。

图2-33　晋祠内的铁人像。

赵王城怀古

2011夏令营营员
杨旭　江苏省运河中学

燕赵慷慨多悲歌，西风冷雨古战车。
悠悠王气今何在，朔漠无际觅沁河。
三家分晋立中原，强邻环围甲兵多。
林胡匈奴侵边繁，魏齐汹汹吴钩折。
山河险恶力图存，胡服骑射战六国。
中山已并设雁门，代地初平云中夺。
长城力阻胡来犯，南下雄师征未断。
鏖兵百年苦战久，只换长平空嗟叹。
相如早逝文无人，廉颇老矣谁可战。
赵括纸上谈兵虚，血海遍染四十万。
战国胜负一朝定，千古兴亡须臾间。
井陉孤口不可守，逐鹿未得鹿奔走。
今见当日邯郸城，龙台荒烟怒水横。
故宫幽径随草没，金戈失色残阳落。
长袖舞歌泪未歇，铁马踏梦渡冰河。
夜阑不解其中味，凭栏怀古听古歌。

邯郸叹

2011夏令营营员
李芳华　湖南省长沙市南雅中学

霸风起，晋分三，赵氏举国迁邯郸。
迁亦难，否亦难，难煞七尺男儿汉。
古邯郸，何需叹，千人夯城为哪般？
龙台傍青山，胡服不畏楚歌寒。
天下志，只将善；武灵诀，英气还。
百代大业一朝立，更得妙计总频繁。
此地百战将士死，彼地狼烟身成灰。
今日我踏昔时土，龙台俨然化高堆。
千里名城秦人毁，百代枯骨竞相随。
曾记否——
君臣百姓皆纵逸，宫城终日亦管弦。
古迹换将多少恨，留与人愁与人叹……

辛卯六月十八杂记

2011夏令营营员

何家成　重庆市巴蜀中学

一

青尼盘盘冀路难，黑途黄土三尺污。
片片寒雨侵足肤，条条沟壑裂前路。
西拥黑煤富饶乡，东积黄淤载史目。
遍地古人柔瓷散，埋没名定千百处。

二

今人不识前人姓，但见群工烟中勤。
刻印划剔金彩描，霓裳之花尽繁兴。
双花并开缠枝菊，薄胎轻釉泪痕起。
反则芒口正三钉，深坑烈火待瓷新。

三

东居佛家西帝王，古刹青音掩佛烟。
北宋清乾一殿连，斗拱雄细兴衰现。
四方抱厦摩尼殿，广长妙谛唯此间。
玉碎华彩观音莲，绸断青山碧云天。
佛国普灵百家堂，转轮藏阁圣意长。
颈折难极千手身，目眦不能近华盛。
青瓦红泥祈愿巾，凤槐种者白骨剩。
木构之屋或无存，立柱台基待新人。

游安阳殷墟诗留别

2011夏令营营员

齐鹏飞　山东省枣庄市第八中学南校

浩浩古安阳，悠悠万年长。
北洹蜒似裾，以西至太行。
一水环沃土，盘庚迁殷处。
巾帼英魂在，永存妇好墓。
汉字起于卜，小屯出龙骨。
殷商古车马，驰骋万里路。
鼎爵簋钺觚，震世司母戊。
三生实有幸，今日得一睹。
驻足殷墟前，思绪常联翩。
华夏文明远，何以得绵延。
欲论谁之功，安阳乃渊源。
沃土育祖先，甲骨记史篇。
璞玉传礼制，青铜助生产。
文明当从此，何为问轩辕！
今日不匆忙，未得尽吾愿。
寻根才初始，倏然已再见。
不留悲在此，但与愿与恋。
待到学成日，还来祭祖先。

辛卯年　六月二十

2011夏令营营员

刘峙学　北京师范大学二附中

未寅忽觉门响，时序才知早逝。
心似放翁梦扰，动如燕人疾喝。
新宇寥言解塞，天陷地崩如何？
顿行晨食非晚，夹带登车可嘲。
冰沁困咽终定，故友闪顾唯冀。
组轮绝尘至远，驾人启力达墟。
一览八方皆壮，细审四下均迫。
锣鼓红乐"响堂"，俯戏蝼蚁解聊。
音止揭幕又讯，洪烈教授依然。
重盘扎下得渊，妙思收获成景。
佛鱼池中参禅，营生馆内博见。
蜂拥良书难购，争恐手书罕有。
此处攀石不禁，次游禅益甚多。
郑伯护王保宗，孤儿天生神勇。
昔时骏騑千里，今朝马车卧榻。
妇好巍颜流传，考古却需铁证。
武丁不知何处，殷商珠峰显地。
旁侧"雷声"早起，灯下目亦呆迟。
到此便罢拙笔，留待"明白"解惑。

忆十日欢

2011夏令营营员

刘春彤　山东莱州一中

七月相聚,未名湖畔。
为学为文,不为状元。
路途千里,不停笑谈。
何谈无聊?朋友相伴,
文物珍贵,历史之源。
其乐无穷,考古钻研。
名师在侧,获益匪浅。
好友在旁,笑声不断。
经济虽进,考古却艰。
有得有悟,责任在肩。
韶光易逝,流年暗换。
分别不伤,因有明天。
燕园相遇,再叙今感。
奋斗成长,明朝梦圆!

情系浙博

2012夏令营营员

张馨月　山东临清一中

良渚江浙间，古国西子畔。

越地长歌声，千载情积淀。

非凡心声响，韶音出古弦。

满怀思与念，十里红妆艳。

图2-34　浙江省博物馆武林馆区参观。武林馆区新建于2009年杭州市西湖文化广场。这是一座巨大的现代建筑，整个建筑还包括浙江省科技馆、自然博物馆等。在孤山还有一个浙江省博物馆老馆。

驰心千载——思考篇

图2-35 同学们认真聆听专家的讲座。

我眼中的田野考古人

2008夏令营营员

李思琪　北京四中

这几天的考古夏令营使我对田野考古有了更深刻的认识。第一天的讲座中，王占奎教授给我留下了深刻的印象。一把标志性的大胡子，瘦瘦的身影，有人说他像阿富汗恐怖分子，有人说他特摇滚。我却觉得他很像苦行僧：对周的研究定有几卷，就像僧人的满腹经纶；他在田野中苦苦挖掘、在案桌前潜心钻研，有点像僧人对成佛、对宇宙的不懈探寻；他在研究中有成功的欣喜，也有失败的困顿，就像僧人的大彻大悟抑或是苦苦思索。这么说有点牵强或奇怪，这是我眼中田野考古人的第一印象。在宝鸡青铜器博物馆，当我看到王教授田野挖掘的照片时心中惊叹良久。

之后的几天，我发觉田野考古人更多的滋味。首先，他们是清苦的。不少考古人都抽烟，我对这种感觉多少有点体会。

我有一个哥哥跑铁路邮递，开始觉得他简直无可救药，家里没有人抽烟，就他有这习惯，何况他那时才20岁。后来，我才了解到他的苦处——从北京到兰州，几天几夜待在火车里，干枯的风景即使有新鲜感，也会慢慢消磨掉人的意志。所以，当我听说考古人困顿时的痛苦，也就理解一些其中的原因了。考古人的生活的确清苦，以前，我只知道考古人要经受风吹日晒，但这次夏令营使我了解到他们所吃的苦远比想象的多。在田野发掘时，一般住在村里，睡的床、吃的饭都无法与城里相比，再加上有限拨款及与村里人的种种纠葛，他们需要逐渐适应和克服。因此，"想赚大钱，升大官千万不要干考古"。在我看来，干考古又有点像修行，这是心灵的净土和芽土，只有真正喜欢考古、乐于献身其中的人才能找到这种快乐，容不下那许多杂念。

其次，考古人有也会有困顿。我记得在半坡遗址博物馆里，雷教授说有点像探案，根据地层、路途逐渐读懂这本"地书"。当你明白某个器物、某处遗址是做什么用，甚至能模拟当时的情境时，那种喜悦是难以言表的，更是常人无法体味的。当然，这探寻的过程会伴随着艰辛和困苦。

现在，我更深刻地体会到考古这项工作的崇高。考古并不是要把所有遗址挖个遍，而是通过发掘遗存来填补历史的空白，保护遗物和遗迹。这才是对历史的尊重，才对得起祖先。以前，我只是惊叹于盗墓贼的高超技艺，这次夏令营则了解到他们的可恨之处，他们可悲地被利益所驱使，成为某种叛徒。相比之下，秦公一号大墓的负责人，虽然并不是考古人，只是一位普通的村支书，却用尽心血保护了这片遗址，这是多么伟大的精神。田野考古人是默默无闻的，这几天见到所有教授，馆长都堪称大师级，我此前从未听说过。但是，他们所做的工作上是伟大的。在浮躁的现代社会中，应该有更多的人加入到考古这项事业中。

结营小记

2008夏令营营员
包晓悦　浙江省绍兴市第一中学

十日的陕西之行回忆起来恍如梦境，我不知道哪样经历是最珍贵的，是聆听专家讲座，第一次零距离接触文物，还是第一次发掘？不不，似乎都不是，这几天来时时压抑着我的是25日在云塘窑址所见，我永远无法忘记的场面：赤红的断崖面，一边是散落满地的陶片与白骨，另一边的轰鸣声中机械在遗址上划下道道触目惊心的伤痕。我们对这一切却只有无可奈何！

我想起每次对他人说起理想时看到的惊异眼神和沉默，那样的目光下，我不是没有动摇过。但现在，在直面如此震撼的画面后，我的目标从未如此明确，决心从未如此坚定，这该是我最可珍惜的结果吧。

图2-36　陕西云塘遗址砖窑厂的掘土机在遗址取土，考古资源的保护依然任重道远。

我理解大多数人对考古的看法：考古究竟有什么意义——还原真实历史。那又有什么意义——以史为鉴。那么，知道古人用什么吃饭能得到什么经验教训？我默然。曾经有位学者被问到学历史究竟有什么用，他沉默良久，说："大用无用。"这句话也可以来形容考古吧。若想靠考古升官发财，封建荫子，还请另择他途。只是对考古的热忱，来自于天地鸿蒙之初人类便具有的好奇心，还有对自己族群智慧与力量的无上荣耀。

正如有人被外太空神秘而眩目的世界所吸引，考古人着迷于尘封千百年的过往，源自生命最初的好奇心和求知欲促使我们一步步向前。从蓬蒿满地的黄土中直接翻阅历史的大书；苦苦求索中忽而灵光一现；偶然的机遇成就震撼世界的发现……或许我们就只是想知道千年前的一切，想知道我们的族群如何起源，发展壮大。这探索的过程充满着妙不可言的乐趣！只不过不易为人所知罢了。

此外，在一次次发掘与发现中，我们为先人的智慧和力量惊叹。原始先民与自然的不屈抗争。数千年前恢宏壮丽的宫殿囷，青铜礼器上繁复而精美的纹饰，蕴藏着无穷智慧的巧妙机械……当我发现数千年前便已存在而又沿用至今的器物时，忍不住心底雀跃。站在凤雏宫遗址前，阳光斜斜落下，眼前是洒满各色野花的草丛，我闭上眼，深呼吸，仿佛上溯到三千年前，巍峨的殿金碧辉煌，耳畔是编钟柔和而轻灵的乐音……

夏令营不过短短十日，但我对考古的认识是由量变到质变，了解越多，越能看到它的魅力，信念也越坚定，它的蕴含已通延续千年的血脉，深深熔铸于灵魂之中。

一场考古梦

2008夏令营营员

张丽　四川成都二十中

　　三杯清馏茶，一场考古梦。这句话应该是最能够概述我这段时间来的感受了。清香、苦涩、甘甜还有梦幻。日子过得挺快，转眼间十天的旅程即将结束。除去结交好友之外，我得好好谈谈这次的主题：考古。

清香怡人

　　之前考古在我眼中是一个十分神秘的玩意儿，经过这几天后，我渐渐掀开它神秘的面纱。用我的十个字来解决形容便是：调查、发掘、研究、保护、传承。它就是一门干干净净的艺术，作为考古工作者，他们带着满腔热情去从事这一行业，完全没有一点商业性质，如荷花般清香诱人，不断吸引着人们关注它，从事它。它很厚彼一时，清香不断。

苦涩伤舌

　　一杯茶放久后，也会变得苦涩。干考古是很累的，其中最辛苦的是田野考古，领队告诉我们，他一年之中就有半年在山岭田野中。这几天，我们重走了周公庙遗址发现之途，途中山路坎坷（现已修好），荆棘满路，一不留神就被扎伤。我下山的时候就被荆棘刺穿脚底板，领队跑过来替我拔出刺，他说这是经常的事。田野的苦，田野的伤在身体上表现得十分明显，在心中却难以表达。一个考古工地，一个遗迹就是考古工作者的孩子，当他们眼看着自己的"孩子"被伤害，农民在遗址上种

图2-37 2003年12月正是在这条沟里,北大考古文博学院徐天进教授带领学生发现了带字甲骨,拉开了周公庙系列重大考古发现的序幕。

庄稼、修房子、倒垃圾,更有甚者直接用挖土机将它毁了,而作为考古工作者却无能为力。这种感觉很伤,像心脏上被刺进了一根根无形的刺,痛在舌尖久久不去。

甘甜回喉

不管身体上还是心理上的伤,也会有愈合的一刻。当考古工作者从地下成功挖掘出一件"宝贝",那种快乐是发自内心的,那种笑容是永远不可复制的心灵写照。如那日我们在烈日下挖掘出一件陶碗,我们的汗如雨般连线落下,可我们谁都没在意,有的微微一笑,显出内敛;有的哈哈大笑,表现出豪放,但不管怎样,那汗,都是甜的。茶入口后,唇齿留香,甘甜回喉。

梦醒梦留

这一次的考古之旅让我们认识了考古,体验了考古。闻到了它的香,尝到了它的苦,感到了它的甜。这之后,有的人爱上了考古,坚定了考古的决心与信念,立志考古,留在了这美好而坎坷的梦中。还有些人受不了考古的苦,或者对考古付之淡然一笑,而后梦醒离去。而我呢?大概还在梦中。

三杯清馏茶,一品其中甘苦;一场考古梦,再看人生去留。

还历史以真面目——考古之我见

2008夏令营营员
方同舟　浙江省台州中学

是什么，让你穿越时空隧道，去感受千百年前的风土人情？是什么，让你静下浮躁的心，来体验另一个时代的生活？

毫无疑问，这就是考古。我与考古的第一次亲密接触就是在本次考古夏令营中。这次活动让我有机会走近考古，去感受考古给我们心灵带来的那份宁静，去聆听考古活动奏出的高雅的乐章。这次夏令营让我从考古学的门外汉变为略知一二的考古爱好者，从对考古的一无所知到开始热爱考古。于是，我对考古这门神秘而又趣味无穷的学科有了自己的认识。

考古，是勤奋者的考古。勤奋的人，也只有勤奋的人才能干好考古。在我们参观泾渭基地时我们就明白了这个道理。泾渭基地的负责人告诉我们："干考古是很辛苦的，必须勤奋才能干好考古。"这也是，如果不勤奋，怎么会出考古成果？如果不勤奋，那也会失去很多考古发现的机会，总比别人晚一步。难怪雷老师说考古有"三勤"——腿勤、手勤、嘴勤。考古学家要做田野调查，要发掘取证，若腿不勤到不了考古现场，那考古发现就是空谈。到了该到的地方，如果手不勤，那非常可能与考古重大发现失之交臂。嘴勤当然也很关键，某些地方的地名往往是重大发现的突破口。所以说考古需要勤奋。

考古，是智者的考古。学习考古知识需要智慧，而考古实践时更是需要。泾渭基地的负责人也告诉我们："没有智慧，也干不了考古。"考古虽说在普通人看起来挺遥远，但毕竟还是一件社会事件，免不了与各种各样的人打交道。在外部，需要与当地农民，与镇政府、乡政府甚至当地黑帮老大等人打交道；在内部，需要经费，自然要与上级打交道。这么看来，看似比较简单的考古学，若没有一定的智慧和头脑，还是无法成功的。

考古，是勇者的考古。考古需要勇气——一方面，万一考古过程中与盗墓贼相遇，就必须拿出勇气来，与他们作斗争，以保护文物；另一方面，从事考古这项行业本身就需要勇气。选择了考古，就意味着将失去一些东西。荣华宝贵，升官发财，这些都不属于真正的考古者。现在中国的考古者待的地方，条件不是很优越，甚至有些地方很简陋。这时，就需要考古学者能吃苦的勇气了。

也就是说，考古需要勤奋、智慧和勇气。当具备了这些条件，成为一个真正的考古学者时，我们能否正确地认识并对待考古，就显得异常重要。

考古是一门艺术。李济先生称现代考古学为"锄头考古

图2-38　参观泾渭基地。

学"，需要我们掌握各种技艺。现代考古与科技的结合越来越紧密，要求我们要有科学技术为考古服务。刚才也讲过，干考古需要与各种人打交道，也就成了艺术。艺术是要站在一定高度看待的，考古学也一样。若不掌握科学的考古方法，拥有一个灵活的头脑，那考古也上升不到一定高度了。

考古是一种境界。有什么样的境界干什么样的事，而考古不是一般人干得了的。考古需要心灵的绝对纯洁与宁静，心术不正的人干考古会出大事，因为考古的工作受人监督不多；心灵浮躁者也不可能干出一番事业的，因为考古需要的是耐心和思考。只有会吃苦、心灵宁静的人，才能真正地感受考古、接触考古、抚摸考古，才能有一个好的结果。

考古是一种生活方式。雷老师曾说过："考古是城市与农村生活的完美结合。"考古作为一种生活方式，融入每个考古学者的生命中，既有闲情逸致之野趣，又有时尚潮流之风范；它古典，日出而作，日落而息；它高雅，能保持自身的高尚情操；它趣味无穷，谁能比得上刚发现一件珍贵文物的考古学家的幸福；它充满了挑战，无时不刻地在接受挑战中找到自我。

考古，需要大家共同努力。或许你对考古心驰神往，或许你对考古已充满兴趣，那么就让我们现在走向田野，一起去体验考古的艰辛和浪漫，共同去感受先民的智慧与荣光，还历史以真面目！

考古：追寻记忆，在消逝中前进

2008夏令营营员

王逸骐 浙江省台州中学

有人曾说过，存在的就是合理的；曾经存在而又消失的，也是合理的。中华民族，作为世界上拥有最灿烂文化、具有最强延续性的民族，其文化遗产之丰是不言而喻的。中华文化典籍存留数目之巨，也是世所罕见的。但当我面对史籍时，不禁发现其中有些东西经不住推敲，空泛而缺乏实质。中华文明的伟大遗产，只靠这些是不够的。仅凭几张黄页一纸空言，远远无法承担这些沉甸甸的积淀。

所以，我们需要考古。

考古之我见

仅仅经历了这短短的十天，不敢说对考古这门高深的学问有多么深刻的理解。在这里仅谈谈自己的观点。

考古是什么？她不存在于博物馆淡淡的灯光下，不存在空调房内随心所欲的高谈阔论之中。真正的考古，只有在田野中洒下的汗水和耗费的心血中才会滋长。在这里，一切要拿事实与证据说话。没有自己的动手挖掘，永远不会有权利去下定论断。没有什么比她更细微与严谨。在一件文物上，一个细微的花纹，一个看似漫不经心的刻画符号，都值得我们去留意，去探寻。那是一门充满逻辑的学问。

可能在大多数人看来，考古工作者不是拿着把刷子和铲子在土地间劳作的"农民"，便是才高八斗的大学术家。但十天的体验告诉

图2-39 唐昭陵六骏浮雕（原置于唐太宗昭陵北麓祭坛两侧庑廊的六幅浮雕石刻）以唐太宗李世民征战疆场所乘过的六匹有功战马为蓝本雕刻而成，是唐代石刻艺术中的杰作。可惜其中飒露紫、拳毛䯄两骏早年流失海外，现存美国宾夕法尼亚大学博物馆。图为六骏之一什伐赤。

我，考古远比想象的要复杂得多。学术上的博学，思想的严慎，只是考古中的一部分。作为一名考古工作者，最重要的是科学的精神，是一种不达目标不松劲的气劲，是一份纯粹对学术的发自内心深处的热爱。那是一种境界，只有将自己无功利、无牵绊地投身其中，才能享受到考古的乐趣。她不适于铜臭，不容于功利，是一种纯粹的生活态度。

考古是一门全面的学科，她需要独挡一面的干将，需要事事皆通的精英。"能干考古的人，便能当市长，当省长，当国务院总理"这句话永难忘怀。

考古，看似简单，实则永难说清，只有亲自参与其中的人，才能真正地体会到她的魅力。博学，审问，慎思，明辨，北大的校训，便是对考古的最佳注解！

重塑辉煌，铸就明天

开头已说到，考古为历史重塑了辉煌，正是考古，为历史的灵魂提供了寄寓的肉身。当你真真切切地触摸一件文物时，那是一种多么奇妙的感觉，你会去想象着在千百年前，也曾有那么一个人，当他的眼神捕捉到它时，散发出光彩。在那可能小小的一件器物上，孕育着多么丰富的内涵。这内涵，便是历史的灵魂。在田野间的执著探索，正是在搜寻人类记忆的残片，拼凑文明历史的拼图。如果没有考古，历史便成了游魂，只是一张不知能否兑现的空头支票。那是一件多么可怕的事！失去过往历史的人类，正如同没有了童年的个体，面对眼前一片漆黑的无知，是萧索，悲凉还是无奈？考古，不仅承载过去，更在照亮未来！

消逝面前的选择，紧握着魂魄的执著

"十墓九空？我看是百墓九十九空，千墓九百九十九空！"这是多么令人心颤的画面！不仅是古时如蝗虫一般的盗墓贼的肆虐，更多的是现在在轰鸣的机械下肃穆而无奈的脸。多么具有讽刺意味啊！人类在蚕食自己的根基，甚至以此为快！正视在我们眼前的已不再是如何挖掘那么简单了。不仅是珍贵的文物被破坏，我们还要质问国人，质问社会："国人素质何在？文化遗产的保护意识何在？"面对肆意的倾轧，无知的破坏，考古的意义早已超越了学术，她需要一种意识的培养，需要一种氛围的营造，需要一种道德的觉醒！

考古，正在面对着消逝，不可避免的消逝，但精神和魂魄将永存。这篇也许根本无法称之为论文的"论文"，便真切地承载了我的思想。愿考古手握民族魂，击破千层浪！

初涉考古，一探山西

2009夏令营营员

方若冰　北师大第二附属中学

念奴娇·太原怀古

太行为屏，黄河襟，长城阴山作壁。雁门难渡，吕梁亘，中条太岳竞起。汾河三湾，滹沱素水，南萦漳与沁。表里山河，此言何出二地？

神农始出于厵，黄帝败蚩尤，尧都平阳，叔虞叶圭，封地唐，燮父易名为晋，三家纷争，乱世称雄唏！鲜卑来去，史镜明心，问哪家敢与比？

一首小词，山西印象。在太原并不宁静的夜晚，倚窗而坐，窗外灯火阑珊竟无与北京有别之感。静静回想这一天的经历，思路也逐渐开朗。题为"初涉考古，一探山西"。

也许有些不恰当，因为这并非我第一次了解考古，对山西，我在书本里也不知云游几回了。早先听老师说过："中华文化之首当数山西。无论从文物，还是从遗址，再找不到第二家可比拟的。"我因而总向往着能来山西一趟，沿着我的偶像——梁思成与林徽因的足迹，走上它那么一回。（这次可真算是实现我的夙愿了，谢谢所有让本次夏令营成行的老师们。）

考古嘛，也忘了是什么时候开始向往的了。好像是在小时候，某次父亲对我说的：那年他本来考北大考古系，但是没招人，惜哉痛哉，只好搞了历史，也算成此心愿。在那番话后，

图2-40　2009年第二届考古夏令营全体师生在山西侯马新田遗址上合影。

我和考古的缘牵上了一条红线。中学前喜欢读历史，但当我发觉我并不真心想和外国古字打交道后，转而将目光移回国内，发现原来这大好山河如此需要"考古"，如此迷人！于是，我这段"考古之旅"才算正式启程。

絮絮唠唠说了不少题外话，读者见谅，回到正题。为什么题目里用了两个"初"字？因为今天的四次讲座实在让我大长见识，在羞愧于用"再探考古"之题的想法。虽然老师们讲座的内容并不深奥，但通过其引申出来的精神层面的东西却让我看到了意想之外的世界。几位老师都说过，这是一门让人愿舍其一生而追随的事业。他们在历尽沧海后却能溢然一笑："考古是一条值得走一辈子的路。"这是何等的精神，考古又有何等魅力呢！我知道，为了这项事业将走一条艰辛的人生之路，但我无悔。我有足够强壮的体魄，足够强大的灵魂，想要像老师们一样，做个梦想家！

昨晚写了一晚的学生代表发言词，写了一晚上什么是考古，我无须再赘述了，可我切实还记得写那样话语时，我的心究竟怀着怎样的端正与兴奋。这种兴奋是从父亲那番话起的，是从各处向我奔突而来的。中国需要我，我们还有太多工作要做，太多东西要保留。今日的讲座上听着同学们敏捷的才思，我很欣慰，将来将与我同行的会是这样优秀的人！诚然，我也许像父亲一样考古之路未成，抱憾无尽，但我可以搞历史，我可以做人类学，今天的同学们，我们未来将是并肩作战的！想到未来，我不禁激动万分，因为走到现在我仍能摸着自己的心说，这是我想走的路。当未来的某天我再翻阅此页，或许已白发苍苍了，但是那份为了梦而奋斗的心情，那颗愿意贡献一切的永远不老的心，想来和今天，定无两样。

甚至都不需要誓言，因为我已走在这路上。

在授旗仪式上接旗的那一刻，老师对我说："未来就交给你们啦！"老师，请您放心地将未来放在我们的手上。这就是我想对您说的。借此表达，愿您听见我的心声。

时光的交响

2009夏令营营员

杜旭颖　山西大学附属中学

回眸·神秘

回眸过去，在目光与古物触碰的一刹那，总有一种神秘的感觉：古物仿佛一位娇羞的少女，似轻启朱唇，又好像欲言又止，实在是令人困惑不已。

远古的丁村先民们，石球、刮削器、三棱大尖状器是你们留给后人破译的密码吗？到底是怎样的信息让你们在留存时如此的小心翼翼？虞弘啊虞弘，你究竟来自何方？为什么长久地安眠在这遥远的土地？宋塑侍女啊，为什么你的微笑常含泪水？是不幸的身世，寂寞的生活，还是看尽了这世间的苍凉……太多的疑问，还来不及探问，新的疑惑又扑面而来。唉，这时间的丝缕交织起的纱幔啊！

浅吟·沧桑

曾经滚烫的岁月，最终都化为冰封的回忆，只是在后人冷冰冰的回眸中零零星星地露出些冰的色彩。这无情的事实使历史在时间的秋风中沉淀成了枯黄。

然而，历史曾经是绿色的。正如每一个"此时此刻"，那些过往的点点滴滴无不曾经鲜活如灵动纵跃出水的鱼儿，如灿然舞动枝头的绿叶一般。只是花儿再美，都有花期为限；路途再远，都有目的地作为终点。所谓永不停息的求索奔走，只是旅途与旅途的相连，每一段旅途都有自己的终点。历史的每个阶段，都有其固有的花期，盛开在属于它的季节。每个阶段的历史，都有其鲜活的年代，作为绿叶在那一季供养着人类社会，甚至化作滋养新叶的春泥。听，那些周彝商鼎的低吟浅唱，虽然嗓音沧桑，却仍辨得出生命的脉搏。

悲叹·劫难

每到一处墓地遗址，盗洞总是赫然闯入眼帘。俯视下去，那黑魆魆的洞口好像土地的疮痍，那是洛阳铲的杰作。

盗洞的两端是两个完全不同的时代，幽深的盗洞犹如时光的隧道，但这无法改变它罪恶的性质。就是这个盗洞，惊扰了墓主已经做了千年的酣梦；就是这个盗洞，使大量文物遗失损毁；就是这个盗洞，侵扰了我们共同的精神家园。

盗洞的挖掘者——那些罪恶的盗墓贼，为了利益，不择手段。滚烫的金钱需要他们冰冷的心来冷却，他们将罪恶的黑手伸向了地下的精灵，导演了"十墓九空"的惨剧。

石窟寺也同遭厄运。天龙山石窟、龙门石窟，无数无头断臂的佛像令人心惊，好像在无声地控诉着劫掠者的暴行。道德沦丧，人性泯灭。这不仅仅是一场文物的浩劫，更是一出人类的悲剧。

高歌·意志

在曲村田野调查的当天，太阳像烘面包一样烘烤着大地。汗水将衣服浸透，又被太阳烤干，然后再被浸透……即便这样，沙瓤的西瓜仍然没能把我们的营员从灰坑边拉走。营员们依然在挖，依然在挖……功夫不负有心人，大量西周陶片出土了，还有青铜锥、蚌刀等重要器物出土。营员们挂着汗珠的脸颊，此时灿烂如花。

在实地挖掘中，我们只是隐约看到了艰苦的考古工作的轮廓，但是真正的考古队员的精神和意志却清晰的印刻在我的脑

图2-41　山西曲村遗址考古调查实践。

海中——与风雪对抗、与寒暑赛跑,以及"艰难困苦、玉汝于成"的信念和对考古的热爱。正是这些使他们能在黑暗中触碰到快乐,找到追逐光明的方向和走下去的信心。为考古工作者和我们的营员高歌!

离曲·希冀

曾经,我们行走在不同的街巷,看不一样的花开花落,装点不一样的长廊。后来,我们邂逅在同样的地点,见证同样的日月阴晴点缀着同样的旅程。而今,我们运行在各自的轨道,乘着时光的前波后浪追逐着同样的梦想。

相逢是首歌,我们的歌未完待续……

路在脚下：一条漫长的考古路

2009夏令营营员

戚裴诺　北京理工大学附中

梦醒时分，路已在脚下。

如果说梦是未名湖畔，那么不妨将路比作探古寻幽。探寻之下，可谓古从幽中来，幽随古而去。幽中思静，静中明辨。幽古之境早已有之，可探古寻幽之路却鲜有境界。陶氏爱菊，可众人甚爱富贵。"富"字之下，"利"字当头，贵胄子孙享受过，也遭受过。多少宫殿楼宇，灰飞烟灭，石室棺椁，盗俱一空，留下些青砖破瓦，空空坟茔，令后生独自怅惘。

面对经济大潮的袭来，像下海、跳槽这类新词或悄悄地，或大张旗鼓地登上了时代的舞台。它就如同一阵风，将世人吹得迷醉不堪，唯有心中空荡荡的。突然间，想找寻什么东西填补空虚，眼前却茫然一片，不知所措。也许《鬼吹灯》这样的笔记小说，就是传说中填补我们内心世界的一剂"猛药"。进一步而言，他们可能还是很多人认识考古这个行当的启蒙读物。夜色中，一锹之间，就可以让人暴富，多么不错的活计，好像干考古的个个都是家财万贯。

事实上，考古不是盗墓，考古更不是在莺歌燕舞中的踏青。它与千千万万个兄弟学科一样，是要有付出的，甚至付出与回报并不成正比。每一个考古工作者都仿佛在羊肠小路上行走，在清幽之境中静静地探寻远去的文明，期待破译那未知的世界并与之交流。倘若能用一个词形容这群人，苦行僧是最合适的。

无论寒冬酷暑，有多少个日日夜夜，他们都要坚守在发掘现场，保护一件件不可再生的文物，对得起先人，对得起子孙。

还有很多人不解，我们为什么要有考古学呢？它不像房地产业，一栋栋大楼拔地而起，促使 GDP 增长；也不像出口厂商，为国家赚来大笔的外汇，似乎还花了很多纳税人的钱。但政治课上我们学过一句话：存在即合理。不要忘了开头提及的"幽中思静，静中明辨"。

考古，将时空隧道的两端串了起来。人们用今天的眼光看待过去，思考着每一件历史事件，每一件精美器物背后的点点滴滴。而考古乃至由它延伸的博物馆事业，给普通人带来的是一份文化饕餮大餐，更是忙碌地学习工作之后的些许宁静……

每一个考古人都定曾怀揣过或这样或那样的梦，但他们都为了同一个信念选择了探古寻幽这条羊肠小径。如果说梦是短暂的，那么，路却是漫长的。

敢问路在何方？路已在脚下。

钻墓记

2009夏令营营员
王晓兰　河南林州一中

探索墓葬是实地发掘的重要内容,也是不了解考古前喜欢冒险者的梦想对象。考古夏令营期间,从最初的宋金墓,到曲沃一号车马坑,再到稷山金墓,还有后来的虢国墓地、洛阳古墓,让我对于墓葬有了全方位的了解,领略了发掘的意义、人生的意义、生死的意义。

"墓葬"是一座座艺术宝库,其类型有土洞墓、砖砌天井墓、八角形仿木结构砖室墓、四方形仿木结构砖室墓、金代攒尖顶墓等。内壁修饰有线刻画像、彩绘、雕塑、雕镂阁窗……这些墓中,窥得出贫富差距,看得出胡汉差异交融,体会得出历史的前进与演变。

图2-42　山西稷山马村砖雕金墓入口(里面不让拍照)。

最初在考古站看到的宋金二墓,像豪华的"宝藏仓"——皆是攒尖顶,阁楼雕窗,壁画彩绘,烂漫四周。花雕人饰,无一处留白,尸体放在棺床之上,伴之以金银珠玉,希望永世富贵。这让我们把古人奢侈的一面尽收眼底。但后来的经验证明,这是一个片面的认识。

曲沃一号车马坑的恢宏军阵向我们展示了古人崇尚车马的一面,随葬品有青铜器、乐器、玉器、骨、蚌、铅等物品,这些战利品让我在墓葬的概念上更进一步误入歧途。直到后来在洛阳看到大批平民墓葬,陪葬品多是陶器,唐以后换成了唐三彩,式样上多了引进骆驼。联想一下,多少贫民,甚至埋于土坑,抑或白骨堆野,鸟食风吹……因此,能保留下来的,更多是一些贵族富室的墓葬,但如果我们想客观认识各朝各代人民的真实生活状况,就不能"一叶蔽目",不能只看贵族墓而忘却平民墓。

题目中我用了"钻"字。在我的人生字典里,"钻"字有着这样的含义:一是细心探视;二是潜心钻研;三是躬身敬拜;四是承认被征服。我们首先弯腰去细看每一面墓壁每一物件,其次在心里将它们进行横向纵向的比较,细心评价分析其文化背景,油然而生出对古代艺术的崇拜和自豪之情,从而进一步借鉴于当今艺术发展。

电视剧中频频出现的盗墓现象不是考古,因为它本身于社会发展相违,与道德相悖。考古之路应该是一条光明正大的星光之道,愿所有的盗墓者能改邪归正,服务于祖国考古事业。

"钻"是一种难得的精神,"钻墓记"对我心灵是一次洗礼。愿我们诚心接受古人的礼物——墓葬,让它们在史册中实现流芳百世的鸿志。

让考古走入大众

2009夏令营营员

蔡思雨　西安高新一中

考古工作者是孤独的，一直以来我都这么认为。

但今天听了讲座，我认为考古工作者是执著的，是富有激情的。考古就是一轮散发着幽光的月亮，而考古人员就是月光下的一棵大树，默默地守护着他们心中的净土。无论世事如何变幻，那棵大树都屹立在那里，守护着月亮。

考古人员的脸上布着沧桑，就像时间在大树上刻下了一圈圈年轮，他们背负着整个民族的历史，通过自己的努力，揭开了民族历史上一个又一个面纱。他们就像一闪微弱烛光的守护者，用双手护住那小得可怜的蜡烛，以免那点烛光被风吹灭。

谁会想做那一闪微弱烛光的守护者？谁都想仰望着太阳，感受那强烈的温暖的阳光。所以，他们表面上是孤独的，但是心中并不孤独。他们富有激情，会为自己的发现而雀跃，为了文物奔波，为了丢失的文物心痛。他们以文物为伴，将文物看作自己生活中的一部分。

其实，今天大家可能都会思考，考古究竟有什么作用，考古的意义是什么？我想，每个人一生只能活一次，若只感受自己的一生岂不是可惜？考古能把祖先的事、祖先的生活告诉我们，我们可以活得更精彩。

所以，考古不应该是散发着幽光，而应散发着强光，像太阳那样，照耀着人们。考古只有靠所有人的努力，才能维持它的光亮。我们可以谴责盗墓贼的无耻,但这不也正透露了普遍大众对考古学的无知吗?

英国的古建筑何以能保存完好?正是因为人们的观念。每次读余秋雨写的《道士塔》,心中总是涌动着未知的情感,中国人对考古了解得太少了。普通大众可能都认为:考古只是考古学家的事情,与我无关。也正是因为这种心态,才造成他们对自己身边可能存在的文物不闻不问。

任何一门学科都是大众性的,考古学也是一样。考古学只有在走出象牙塔之后,才能真正散发出它本应有的光亮。只靠考古工作者的执著与激情,月亮依旧是月亮,虽然它很美,但却不能像太阳将黑夜照亮,带给人黎明。

"摘下淡绿色长长的围巾,你是黎明。"相信考古学在走入大众后,会迎来一片光明。

遇见

2010夏令营营员

高颖　重庆第二外国语学校

不是电视里披着素纱蝉衣、握着绣花锦囊的辛追、不是书页中反弹琵琶、衣裙飘逸的飞天，不是博物馆里正襟危坐、典雅秀气的各类藏品，也不是"叹为观止"、"超乎想象"的盗墓绝技……我遇见的是真正的考古，是在崇山峻岭中披荆斩棘，在炎炎烈日下细心挖掘；是仔细拾捡古人随手丢弃的垃圾，用严谨的科学的缜密的推理复原历史；是对人类前行足迹的探索，对人类美好记忆的找寻……

真正遇见考古是参加夏令营，亲临考古工地。我曾以为考古发掘是热闹的，几个专家在那里热烈地讨论，但一片田野和一些考古工作者和民工的劳作，推翻了这样的想法。我还幻想过考古是一挖一个青铜器、一铲一个八宝箱，可是一层又一层的泥土破灭了这种期盼。只有当脚踏上几千年前先人踏过的土地，手摸着残破的瓦砾时，才似乎感受到了考古的气息。之前的一切浅薄而可笑的臆测在这种真实的体会中化作云烟，随风飘散了。

对考古最初的兴趣，仅仅来源于电视中笼罩着各种神秘色彩的电视节目。电视节目为吸引眼球，总是以华丽的剪辑和音效营造出一种探秘的氛围，以迎合当代人乐于猎奇的心态。可是却忽略了对考古工作真实而细致的反映。经过夏令营才明白，考古不是充斥着特效的神秘工作，而是实实在在的一门科学，有着必须坚守的规则和原则。

在烈日底下亲手拿着手铲，铲一堆土才能揣摩到考古人丝毫不敢懈怠的认真；亲手划出不同的土色，才似乎领略到考古人的细致、谨慎而又精确的作风；在考古工地上呆上几个小时，让汗水浸湿后背，望向四周的山野，才似乎感受到了考古人无处诉说的寂寞。

　　可是，越是艰辛，越是坚韧；越是寂寞，越是坚守。这是考古人的魅力，也是考古的魅力。这种战胜人性弱点的力量就是来源于一份对考古、甚至对民族、对人类的纯粹的爱。正是千千万万考古学者的不懈努力，才让我们不至于因梳妆打扮过的历史典籍而一叶障目，不至于对外国否认我们的历史、盗窃我们的文明而无力辩驳，不至于身处钢筋水泥中却永远被"我从何而来、如何而来"的问题刺痛心窝。

　　我也看到了考古的伤痛。形形色色的盗墓贼盗走了中华民族的精魂，各色各样的贩卖者卖掉了祖宗的颜面。如今人们对保护文化遗产的漠视更让我浑身颤栗，一台挖掘机可以毁掉一排古城墙，一次爆破可以炸掉一个古墓群，一座座高楼大厦可以围攻一处古迹，一层层商业外衣可以吞噬一种文化……不明就里的人们以看客的心态看待考古，用"金钱"、"利益"、"鄙视"、"怀疑"等各种有色眼镜上下打量。真正愿意用一颗赤子之心守护、发扬考古的人，微乎其微。

　　尽管参加这次考古夏令营的同学大多数今后不会从事考古，但我们都树立了一种观点——保护并传承，作为中华民族、作为人类的一代，让文明火种世代相传。

　　考古笑脸盈盈地独立于浮躁喧嚣的社会，看风云变幻，任物是人非，只是坚守者"还当代人以及后代一个真相"这一信念，在沉浮世事中傲然挺立！

　　庆幸遇见你——真正的考古。

考古的，这些那些

2010夏令营营员

王婧思　北京四中

谁是谁的插曲，这么近这么远

每个夏令营都会让人一直留恋很久。每个夏令营都有自己的故事和传奇。但无论如何，这只是个插曲，与生活平行着延伸。这些回忆，那些梦想，这十天的每一寸光阴，我把它们写下来是为了把它们装进满是时光美好馈赠的盒子，但愿以后再打开还能新鲜如故，但愿这些尘封的经历不会被束之高阁，但愿将来你我再回想，这些缘起就此尘埃落定。

时间不知不觉流走，在灯彻夜不息的角落

我不知道十天在一个人的一辈子中能占多大的比例，但是我知道这十天的分量远比它们的比例要重要很多。

先从最后的联欢开始吧，在这十天的末尾我难免要矫情一下子。这也许算是我第一次正式参加的夏令营，以前的各种游学交流，身边都是熟悉的人，因此也不觉得有多想念。这一次我们从相见到相识再到相知相处，却在彼此刚刚开始最熟悉默契的时候挥手告别。这样也不是不好，把记忆停留在最美的时刻。

联欢会那天大家很high，折腾到很晚，或者说，很早，因为有很多人通宵没睡直接迎来了下一个天亮。从联欢地点回宾馆的时候大巴上的表显示着23∶30，然后红色的数字一分钟一分钟地跳过去，直到忽然跳跃成的那个空荡荡的"00"刺痛了眼。我们就像是午夜前灰姑娘的华美的梦幻，那一秒过去终究什么都是要还原的，但是即使确定生活会恢复原状，也还要抓紧现有的一切时间，完成自己最想要的愿望。就是这么义无反顾。

回宾馆以后没人睡，各组聚在一起聊天玩牌，各种签名和被签名。慈溪这座城市这么小又这么大，小到我们一百多个人能在这里相聚一夜，却又大到在整个街道的灯火通明中，我们只是不为人知的、其中的一个小角落。

也许真的是只有快要失去，才懂得珍惜。我们尽最大的可能把最后一夜延伸到最长。我不想说那一夜结束了，因为它从未开始过。可是，看着同样一脸疲惫却又洋溢着清晨气息的你们，我才发现不管我怎样想之前那几天的精彩，这个时刻的离别终究是要来的。

考古？烤骨！

其实报名参加这次夏令营之前，我是纠结了很久的。因为对于考古，我虽然不排斥，却也绝非热爱至极，这个暑假又格外忙，我不知道对于这个从未叩响大门的未知领域，到底要不要尝试走进。刚开始几天也曾有过后悔，毕竟以十天消磨掉一瓶花露水和风油精的速度、顶着大太阳冒着40度的高温还要穿着长袖长裤一边走路一边记笔记，不是件轻松的事情，但是现在觉得当初的决定以及这十天的旅程真是值得。

若要说收获，首先就是对于考古和考古人有了大概的了解。我曾经以为考古无异于拿把手铲在田里挖土，并且一挖就能发现个宝贝。但是，从第一天参观遗址开始，我就发现考古比我以为的要深奥和神秘很多，也当然要辛苦很多。它让人们从破碎的瓷片中洞见一个时代的天地和人类的文明，它让我们在弯下腰的同时倾听远古的足音。它需要缜密的思维和精准的判断，以及很强的实践能力。考古与很多学科都有交叉，比如历史学、地质学、天文学甚至是美学，但它又是一门独立的科学，融会了庞大而细碎的知识后自成体系。

我想考古和考古人都是寂寞的，因为无人问津，因为冷暖自知。不同的是，考古人心里不寂寞，因为怀着热忱与激情，所以即使千辛万苦，也自能乐在其中。参观遗址的时候总是能看见探方里带着草帽工作的人，皮肤黝黑让我以为他们是清理现场的农民工，但每次都出乎意料地得知，他们其实是从事考古多年的教授，我们的每一个问题，他们都会耐心解答，而不在乎这些问题是否幼稚或肤浅。我想考古于他们已经是一种生活方式、一种态度，甚至是一种信仰。

所谓"考"古，就是要对历史进行考证。人类对于历史的认知经历了"信古——疑古——考古"这样一个过程，需要的是一种建立在考察之上的、质疑的精神，不是单纯地按文献所述进行主动发掘，亦不是因了某个偶然的机遇发现了一些文物就因此宣扬找到了多宝贵的遗迹。考古的目的，不在于向世人证明我们五千年的中华文明有多么伟大，因为所有的过去属于历史，而历史已经死了。我们要做的，是让那些干涸的历史重新活过来，用实践和实物来证实过去并且填补完整那些缺失的空白。更重要的，是认识我们曾经的辉煌和荣光，然后把它们运用到如今的社会中去，让自己变得强大。

这次夏令营让我懂得的，不仅关于考古，还有这个领域之外的很多东西比如坚持，我发现考古，就是需要把自己放得很低很低，甚至低到尘埃里去，但是最后开得出开不出花来，或者绽放的成果会不会昙花一现，谁都没什么把握去说一句肯定。在这样一个无期的疲惫的等待和发掘中，需要的是兴趣以及热爱带来的坚持，到最后可能这种坚持已经变成了一种叫做信念的东西。所有的考古人都是值得敬佩的，无论是否知道他们的姓名，无论他们成就的大小。他们把几年几十年甚至一辈子都献给了田野，最后承受的却大多都是希望落空的结局，然而他们无悔、谦逊，并且真诚、热爱，所以伟大——我不知道伟大这个词用在这里合不合适。

比如责任。某天晚上开会时，老师说，我不建议你们去真正从事考古这个职业，除非你真心的热爱，并且做好了为它付出一切的准备。我们长大以后身上会承担比现在多很多的责任，自己的、家庭的，还有社会和国家的。我们不能单纯地为了一个愿望而放弃那么多时间和精力，即使你自己在所不惜，身边的人也未必舍得和同意。我们总在说自己要为这个社会做多少事情，却忽略了在奉献的过程中会错失许多牵连的责任，而这种雄心壮志在现在的情形下亦是鲜少有途径去实现的。我们能做的，或者说最能到做好的，是从自己做起，至少我们知道了那些遗址的发掘有多不易，就因此对文物的保护树立起一种意识。至于要改变整个社会看待考古的态度这样的理想，等我们更有实力了以后再去实现吧。先把自己的路走好了，于这个社会又何尝不是一种贡献呢。

比如看问题要从实际考虑。这几天在车上听同学的各种发言，觉得有些愿望真是很伟大，有人说要把一生都奉献给考古，有人说此后都在田野度过也无怨无悔，诸如此类。可是我很清楚自己还没有崇高到如此的境界，至少现在还无法舍弃很多东西。于是纠结，问老师。老师的回答是，可能你们北京的小孩都比较现实，这没有什么太大的所谓，现在的你们对于未来只有个模糊的概念，也许到真正选择的关头，当初的想法就不那么坚定了。

的确，很难说关于未来，我们想要的是什么。但至少我们能找到的，是自己不想要什么。知道这些，努力去做就好了。现实归现实，生活亦总需要类似梦想的东西来点缀。虚实结合的人生才足够精彩。

是相似的似、与温暖相似、与永远相似

"四",也许我真是跟这个数字有点缘分。和学校分组都跟它有关,四中,和四组,可以说这次夏令营因为有了它们才完满了意义。

联欢会上都是以小组名义演出,只有我们是以学校为单位。我想起前一天的那首"考古的世界",我们站在5楼的房间看着暮色从慈溪的地平线缓缓升起来,夕阳一点一点沉下去。本来无限惆怅的旋律忽然之间氤氲了房间里暖黄色的灯光。

我同样记得我们的各种游离和自得其乐,记得在大部队顶着高温酷暑漫步苏堤的时候我们在西湖的游船上照相摆 pose,记得雷峰塔上的突然降临的乌云和大风,记得十字街头的艳阳和酷暑下四个人悠哉地分蛋挞,记得那天晚上我们五个人打一辆车回宾馆,在司机再三犹豫是否超载时的那句"没事,天黑了警察看不见"。记得最后一天座谈上的发言,我们没那么宏伟,但是实在的感悟和祝福,终归是有那么点与众不同。

十天终究太短,短到我们刚刚开始熟悉就说再见,但是却长到足够在彼此之间建立起一个约定、一种承诺。

我一直觉得四组特别温暖并且纯粹。这种纯粹让我有了小小的、可以怀念的资本。我怀念十天里同屋那声不带儿音的"思姐";怀念凌晨1点我们蹲在楼道里一边喂蚊子一边海阔天空地聊天;怀念我们默契地把主题是理想的小组会开成了茶话会;怀念那些如此有味道有故事的歌;怀念半夜别人都睡了,只有我们还在一知半解地看男生玩三国杀。怀念你们所谓的"北京口音";怀念整夜赶出来的DV;怀念最后一课——怀念这十天里,所有的温暖和感动。

考古的魅力

2010夏令营营员
王居烨　浙江省绍兴一中

来自五湖四海的我们，怀着对考古的憧憬和向往，揣着对未知的好奇和执著，踏足在这一片土地上——杭州，这个美丽如画的城市，多少文人墨客驻足流连，留下"淡妆浓抹总相宜"的传世佳句，多少达官贵族醉生梦死、歌舞升平，竟使"自古英雄甘迷醉，帝王焉鼓向北心。"

考古，这个名词，在多少人的印象中是模糊而又神奇的。有人曾问我，考古不就是带执照盗墓吗？让我不由想到，考古在社会上存在两大现状：一是公众对考古学存在误读。不少人是从电视上诸如鉴宝、国宝档案等栏目开始了解考古的魅力的，但与此同时，有人就武断地下一些个人色彩较浓的片面结论，也就是所谓的误读。

考古学，是一门简单的学问，一把手铲，一顶草帽，足矣；考古学，是一门艰深的学问，纵使天马行空的想象也有破解不了的惊世之谜，纵使累年积月的作业也唤醒不了沉睡的神灵。正如杭教授所说的，考古并不为了什么，喜欢也并不一定说出原因。"没有历史的思想是苍白无力的，没有物证的历史是空洞的。"也许这就是千千万万考古学家一直坚守并为之奋斗的缘由吧。

当然，总有人刻意掩饰，有人过分张扬。我曾为自己找过多种热爱考古的理由，但是都不尽如人意。后来，我想应该是缘于在我心中，考古学家是一个高尚的职业。一个真正的考古学家,能像老农民一样风雨无阻地用手铲释"天书",在他们眼中,金钱犹如粪土。一个远离功利的职业需要怎样的人格与价值观……

考古学第二种现状是文物遗址存在着巨大破坏。经济的飞速发展与遗址保护的矛盾日益凸显,文物保护状况令人堪忧。这种状况是社会进步的影响,但不应成为必然。考古,并不应该只停留在挖掘与发现的表象,而应将保护遗存的思想深入人心。

对文物的破坏自古有之,而今,制定了各种法律,建立了各种机制,文物破坏的情况仍不见明显的好转。这不是对高素质现代人的耻笑吗?当我看到杭侃老师恳切的目光,真诚地请求我们保护遗存、手下留情的时候,我的心为之一震。的确,文物的保护不只是一个人的责任,更是公众的义务。无论我今后是否从事考古工作,经历了这十天的夏令营,让我深切地体会到考古工作者的辛苦,与保护遗存的重要意义。

这十天让我感触最深的是我们手拿手铲,前往茅山、玉架山遗址亲自体验考古发掘,品味考古的乐趣。尽管顶着炎炎烈日,同学们依然兴致盎然,纷纷拿起手铲,埋头苦干起来。实践出真知,考古似乎成了最好的诠释。

参观了良渚古城,当那一件件制作精美、工艺精湛、浑然天成的玉琮、玉梳背、石钺展现在我面前时,我竟有了"浩浩乎如冯虚御风,飘飘乎如遗世独立"的逍遥快活。"蓝田日暖玉生烟"的画幅不由浮现在眼前。听了老师的讲解后,我不由感慨古人的智慧,文明的灿烂,也让我心生无数感想。

夏朝是一个传说?国外承认中华文明是从商朝开始的。当看到良渚古城,中国的历史断代是否应从此改写了呢?神农氏、嫘祖只是捏造?据讲解员介绍,良渚就有丝绸,那么,哪儿来的神农氏、嫘祖?让我觉得无限神奇的是,良渚遗址中竟出土

图2-43 河姆渡博物馆内,透明的玻璃和灯光,使我们仿佛悬空在河姆渡人的墓葬之上。

陀螺——几千年前就发明的东西能流传至今,这着实令人惊叹。

来到河姆渡遗址,我似乎成了河姆渡的一草一木。令我印象最深的并不是河姆渡人的璀璨文化,而是国家对遗址的保护。当我置身于河姆渡遗址中,便成了一名河姆渡人。行走在郁葱的草木中,聆听着溪水的流淌声,我好像也过着河姆渡人伐薪取火、以渔为业的生活,妙哉!河姆渡遗址将生态旅游与人文旅游极为巧妙地结合在一起,我认为这难道不应该成为未来——也许不久——遗存保护的方向吗?不仅能够很好地保护、复原遗存,而且能够吸引人们前往参观学习,给人身临其境之感。

通过十天的夏令营,我真正感受到了考古的魅力与北大人的智慧。我十分乐意加入遗存守望者的行列,为文物保护献出微薄之力。

考古手记

2010夏令营营员
姜瀚　上海市进才中学

如果让我做一个评价,我说这十天的考古丰富了我的人生。

这十天的确是很不容易。有老师开玩笑说:"这哪里是夏令营,分明是集中营嘛!"似乎是有道理的,每一天的负重都在挑战身体和心理承受极限。但我还是觉得,这次来得好值。

首先,这十天让我了解了真正意义上的考古学。说实话,真正的考古学和大多数人想象的并不一样。问外行考古是什么?有的说考古就是挖墓,有的说考古是鉴宝。还有像我一样的带着一点年少无知的浪漫主义色彩,认为考古就是站在荒原之上,用手铲解开千古之谜,留给世界一个孤独沧桑的背影……

知道要去看良渚古城的时候,我脑中浮现出了神秘、古老,甚至壮丽。但是这一切词汇都在古城遗址的烈日下,如同水汽般蒸腾了。那些古时至少有四米高的城墙,早已成为低矮的小土堆,有些甚至只能看到许多石头。这些石头默默告诉你,这就是当年的墙基。而考古学家则是要在这些断壁残垣、生活垃圾中寻找古人留下的蛛丝马迹。

有一句话说"考古学家是不幸的侦探",今天发现说得很有道理。而侦探的每一个发现都容不得一点马虎和闪失,否则有可能导致全盘皆输。读专业的考古学报告时发现,报告中的每一句话都呈现出一种格外的理智与淡定,成了我们沸腾热血的冷却剂。这才发现考古是一门极其需要理性的科学,是脱去一切繁缛的脚踏实地。

  要想成为一名真正的考古学工作者，着实是很不容易的。考古学家需要面临的阻力，不仅仅来自于古人，还来自于现代社会中一切为了利益而肆意破坏文化遗产的人。去茅山第一次进行考古实践的时候，眼前的场面让我很是震惊。在发掘了大量古代遗存的茅山遗址四周，已经竖起了林立的高楼，虎视眈眈地俯视着中心的考古现场。当我们的大部队进入遗址现场的时候，老师的扩音器被一个类似"包工头"的人蛮横地抢了下来："你们凭什么进我们的工地？！"开发商怎么能这样？政府为什么不管？后来，我们的领队老师才解释说，这中间每个人都有自己的无奈，也许是公众还没有养成保护文化遗产的意识吧！

  那时我的心里特别难过。因为这可能是我这辈子最后一次见到茅山遗址了。同时，心中也萌生出一种沉甸甸的责任感。也许在以后，我们中有的人并不会从事考古，可能成为企业家，可能成为公务员……可当我们在工作中发现考古遗迹的时候，会"手下留情"，并尽自己的力量去保护这些文化遗产。因为，这种意识在这十天已经深深地根植在我们心中了。不论将来会做什么，这种保护文化遗产的意识一定会从我们这里开始辐射，我们会用自己的力量感染身边的人。我想，这也许是考古工作者们举办这次夏令营们的根本目的吧！

  还有印象深刻的就是我们参观任何一个博物馆或遗址的时候，几乎受到最高级的待遇。每个馆长都会给大家讲一番话，然后会派讲解员带我们继续详细参观。他们的每一番话似乎都凝着殷切的希望。而他们也大都是北大考古文博学院毕业的。他们希望我们成为同行，共同开拓出一片新天地。

  一路上有这些北大人陪伴真好。我觉得，认识他们真的是我一生的幸运。说起来，这是我第一次真正接触北大人。雷教授、陈冲姐、罗队，子奇博士……他们真的非常非常可爱。不仅是因为他们教给我们知识，而是在他们身上能看到一种人格魅力。我们不断地发问，他们的解答总是那么详细而且耐心。当注视他们眼睛时，我在其中看到一种幸福。这种幸福深深地感动着我。这些人可能很辛苦，可能不是很有钱，但是能够不为名利，一生从事自己热爱的事业并且造福于社会，是多么让人羡慕的事情啊。

然而，在我们很感性地想选择考古的时候，老师却很理性地交给我们一个很现实的问题。我们一百多位同学，用老师的话说，能够招到五个真正够格的考古学本科生就已经很好了。那天我辗转反侧，问自己未来究竟在哪儿。可能下定决心要报一个专业，但最终很可能去不了，那时到底该怎么办？这真是我十七年来最痛苦最深沉的思考。

现在我已经把自己的后路都想好了。我除了喜欢考古也很热爱传媒。从小很喜欢看纪录片，也很想拍纪录片。陈冲姐却跟我们说，有时候考古学家是很怕人家来拍他们的。搞传媒的对考古大都不专业，比如随便到人家探方里乱踩，还让工作人员化装成原始人在田野里乱跑，不懂装懂、扭曲事实。我想，假如以后我真的干了这一行，保证一定不会乱踩大家的探方。

这十天的学习给了我基本的考古学知识，我懂得最基本的规矩，懂得如何与考古学家交流，努力呈现世人一个最最真实的昨天。我想，优秀的纪录片对于向大众普及考古知识起着很大的作用，我希望不论在哪个领域，我都可以帮大家更多。北大考古文博学院给了我们一段那么精彩的日子，如果有需要一定找我们帮忙！

不论最后的结局怎样，现在我想引一句喜欢的歌词，唱给所有热爱考古的人："我们还有很多梦没做，我们还有很多明天要走。"

考古学的未来将落在我们的肩膀上。我们会一起努力。加油！

选择考古

2010夏令营营员

齐秋桦　北京市人民大学附中

说到考古，这十天的夏令营让我对考古学有了全新的认识。来这里前，对于考古我只是觉得很神秘，时常听搞文物的姨父给我介绍一些有关考古的知识，也觉得考古挺有意思。于是，我来到了这里。

几天下来，除了了解了很多考古的知识，惊叹于中国古代绚丽的文化、古代人民智慧的结晶，更多的是感受到一种考古的精神、认识到了考古学的价值。

看着他们在烈日下行走，可以说是蠕动，望着他们远去的背影，遥望他们弯下身，用稚嫩的手臂拨动着未知的土壤……看着工地里六七十岁的老爷爷，黑黝黝的皮肤，满是汗水的双颊却仍然面带笑容，双手握一把铲子，肩上扛一把锄头，在泥泞的考古工地里精神抖擞得行走着……忽然感到一种力量，抑或说一种神圣。考古工作者们的平凡和伟大造就了一批又一批中国的考古人，谱写了几十年来中国考古的辉煌与传奇，带动青年人，影响着中国考古界的未来，突然感觉到身上肩负着不仅是考古夏令营营员的这个名字，更多的是一种责任，一种民族的自豪与责任感。无论今后我是否学习这个专业，是否从事这个职业，但，考古精神永存。

这是我日记中的几段话。是的，在此之前，我从未想过考古工作是如此的艰辛。为了了解几百甚至仅几十几平米的土地，考古工作者用几年的时间挖掘，为了将考古学文化呈现在大众眼前，考古人用尽毕生的心血……面对不可预知的土地，面对这已经耗费多时却屡遭挫败的探方，仍然不抛弃、不放弃，这是一种寂寞，也是一种执著与崇高。烈日下，他们的心比太阳更加红火，倾盆的大雨中，雨水永远浇不灭他们心中的理想！

　　考古工作是艰辛的却有着无限价值。这价值不在于个人，而是一个国家、一个民族。有人说，一个没有历史的民族是可悲的，而我想，这灿烂的文化、悠久的历史未被发现或未能证实，更是莫大的悲哀。考古学正是用一次又一次的挖掘，一个个实实在在的文物证实了文献记载，还历史一个真切，而某些新的发现又能将既定的理论推翻，重塑新的理论体系，还历史一个真实。考古就是在实践、完善理论、再实践的过程中还原历史，使其更真切、更真实。一个挖掘动作是微不足道的，但不停歇的探索终将会有重大的发现。这些重大的发现在考古界添上浓墨重彩的一笔，同样对民族的历史有了新的诠释。

　　对一个民族负责首先就要对其历史负责，一个优秀的民族也必定有令人叹服的历史。探究本民族的历史，用事实证明她的悠久与灿烂，我想这便是考古学意义之所在，也是为什么作为一个中国人要学习考古的原因。我们不能眼看着自己的文化被他国抢去却束手无策，不能愧对四大文明古国的称号。中国文化为什么被世人称赞甚至嫉妒，因为她是古代唯一延续下来的文明。而我们要做的，就是用考古的方法将这些文明透明化、真实化，还原历史，让她们绚丽的展现在世人面前，让所有人都知道，这是我们自己的文化，这是通过考古证实的历史。考古——对中国历史负责，对中华民族的一种责任。

当考古工作者发现了一块遗址或者一件文物，那种兴奋之情溢于言表，我想这绝不仅仅是对自己辛勤付出的一种释怀，而是基于国家、基于整个民族的骄傲与自豪。诚然，考古工作是辛苦的，但是支撑着历代考古人用毕生的心血去为之奋斗的除了肩上的责任，还有一份难得的民族自豪感。"我有责任揭开民族的历史，还原其原本的真实，我有责任为自己的民族作一份应有贡献，让全民族的人为拥有这样灿烂的文化而骄傲，让全人类为曾有过这样一段辉煌而自豪。"我想，这便是考古人的心声，同样也是我的追求。

价值，责任，自豪，这三个词语架起中国考古事业的桥梁，撑起伟大的考古精神。考古工作所具有的不可磨灭的价值令人感叹，考古人的精神更让人钦佩。

小时候，我常常想有一个安逸舒适的、被金钱包围的生活，而随着时间的推移，我渐渐学会思考，人活在这个世上为了什么，是为了握着大把大把的钞票显摆，是开好车住好房到处炫耀？这样的生活的确滋润，但未免过于肤浅。为了社会尽自己的一份力量，让整个民族的历史因我的某次努力而更加辉煌，我想这是一个人的价值之所在，也是人追求的最终目标。正是基于这种认识，我选择了考古，没有奢华的生活，甚至清贫，但有意义、有价值。选择这份不为自己、不为他人、不为某个人的工作，选择了这个在实现自身价值的基础上也能实现一个民族价值的工作。我想，再苦再累，这是值得的。

我的父母一向尊重我的选择，这次也是。况且我们家里也有从事有关考古工作的人，这都会成为有助我进行选择的动力。正像日记里所说，现在我选择考古，但将来无论我是否从事这份职业，这种考古精神将永远驻扎在我的心底。

十日谈

2010夏令营营员
薛平　北京四中

态度决定一切，一个不热爱自己职业的人应该不会有太大的成就。曾经以为考古是遥不可及的一群"圣人"深奥的研究，现在明白考古是平凡的每个人，属于社会每一位富有好奇心却未得到满足的"普通人"热情的探索。纵然专业知识非常重要，但对于考古有兴趣是一切的基础，人生转瞬即逝，我们需要做的就是找到自己能够快乐的方式，并付诸实践罢了。考古人很特别，因为他们甘于将精神栖身于茅屋；考古人又很平常，只是一个追求自己爱好满足自己求知欲的平凡人。无论是考古还是什么事情，我们都要仰望星空而脚踏实地。当我们真正做到静下心来仰望浩瀚的星空时，便无暇顾及在别人眼中的地位和衣食住行上的享受，更不会将自己定位为一个伟大的人，而是真正的踏下心来把心放低，低到尘埃里去，然后便会开出那一朵朵小花来，并不一定如何夺目绚烂，却能够直接将芳香的甜蜜飘到自己的心里去。我想，或许真正的伟人从不将自己的人生定位的如何宏远伟大，当专心致志的做好喜欢做的事情，那些伟大的意义便自然而然地会由历史赋予你。

考古的确是很艰辛神圣的，来夏令营之前，我也是这样认为的，但现实使我的认知更一步加深了：仅仅是为了上北大而学考古的吗，那么不要学了；仅仅是因为专业冷门分数较热门的低才选择考古的吗，那么不要学了；仅仅以为只要仔细读书就可以学好考古吗，那么不要学了；仅仅以为考古是挖挖文物写写报告吗，那么不要学了；仅仅是为了留名青史让人高看一眼才选择考古的吗，那么不要学了……换言之，当你希望从考古上获得的名利都不能够实现，还会热情高涨地要投身考古事业吗？如果能，我打从心底里真正的钦佩并送上最衷心的祝福；如果你在犹豫，那就该静下心来冷静思考人生的道路并不止步于高考和大学而已。这些问题是我们不能将就，必须想清楚的事情，考古是需要钻研的学科，不能允许一丝将就。思考清楚这个问题，不仅仅是对自己的人生负责，对关心我们的父母老师负责，更是对那些和我们同龄、真正热爱考古却苦无机会的人负责。这是每位善良的人都需要做的事情，也是为了让高考更加接近于人性化与公平自身能做的微不足道的事情。

  从夏令营第一天开始，我就不断地问自己这些问题，看到有些同学慷慨激昂、侃侃而谈为人类献身，有些同学过于迫切的提出各式各样或许并不真正困扰他们的问题，有些同学或紧张或严肃的神情专注于讲座但并非享受求知的过程，有些同学如临大敌般争先恐后地吸引别人的注意……我忽然有些迷惘了，考古不应该是个爱好吗，考古不应该快乐轻松吗？如果考古不是为生活增添了乐趣，学习考古又是何必呢？这一系列的问号不会得到什么最终确定的答案，只是让我们更加认清了心中所想，像小铲一样刮开覆盖在珍品上的浮尘，随着夏令营时间的推移，逐渐掀开谜底，愈加清晰地将心中真正的梦想呈现出来。纵然有如此多的客观因素，纵然在现代这个物欲横流的社会会遇到这样那样的物质诱惑，纵然不能百分百地拍着胸脯说不是为了争取上北大的机会才来的，但我能确定的一件事是，我来夏令营的最主要目的是对考古感兴趣，这兴趣并不受其他的物质条件所左右。我也没有那么超脱，超脱到完全不顾任何物质生活的需要而献身。在现在这个越来越重视文化的传承与保护、素质逐步提高的社会，我想学习考古虽不能满足多么奢华的物质享受，但满足温饱是不成问题的，那么对于我来说也就没有什么再高的要求了。仔细思考下来，我真是很庆幸，庆幸于认真思考之后的结果是能够坚持自己的兴趣，纵使再多的人并不看好，仍能够坚持下去，这一番思考也让我真正的了解自己，一个或许从未发现的自己，一个对于爱好执著坚持的自己。

当然，在满足自己爱好的同时，我们也不能忘记身为中华民族的传人所独有的一份责任。责任就是无法选择而必须去做的事情。当我们享受了来自中华民族的光环后，为了中国辉煌灿烂的文化去做些事情，更是无可厚非的。历经多少风雨之后，中华文化才能够传承下来。主观与客观的风风雨雨造成了目前支离破碎、仍有许多留白的历史。这残缺不全的历史既是遗憾，更是挑战。对于一个自信的民族来说，要尽自己的所能来补充未发现的，论证已知存在的，质疑固有默认的，而只有不断丰富自己国家的历史，不断巩固自己民族的民族精神，才能够在日益激烈的综合国力竞争中打下坚实的基础，像老人与海中的那句名言"一个人不是生来就被打败的，你尽可以把他消灭，可就是打不败他"。中华民族之所以到现在仍能延续，我想就是因为无论战争胜败如何，民族特有的精神与文化从未停止的传承了下来。

由此可见，不管是否要从事考古工作，都需要有一份保护与传承中华文化的责任心。这并不是空话与不切实际，这更不是什么伟大的事，而是被有些人所忽略掉的应有的基本素质。这甚至连贡献都算不上，只是尽了本分而已。我佩服考古人的一点，就是不管别人是否做到了将保护与传承文化作为自己肩上的重担，每一位考古人都将此视为本能。

再说说我眼中的考古，这是一门需要钻研与专业技术且综合性很强的学科。需要地质学勘测的技术，需要历史学博览群书的积淀，需要美学的欣赏能力，更需要社会学的那份责任心……考古可以很浪漫，当真正敞开心扉面对自然、可以享受独处清修的时光欣赏沿途风景的时候；考古也绝不是纯粹浪漫的事，面对酷暑的炽晒暴雨的突袭，面对或许一无所获的"徒劳无功"，面对清贫一生的考古人生。直面这些现实的问题，考古便成为一项严峻的考验，一场物质与精神的较量。开始想来觉得问题实在很多，但细细琢磨后发觉感性的我们，在好奇心驱使下，在兴趣的指引下，其他那些又怎能真正称之为问题呢。仰望星空，脚踏实地，当真正找到了自己喜爱的那片天空时，人类的优秀品质才会真正在自身身上得到最好的展现吧。

当然，考古不仅仅是研究学术，更是要应用于现在社会中的。通过考古，我们研究人类社会生产力进步的过程，研究人们思想观念不断革新的过程，研究推动人类社会向前发展的根源，研究社会接下来发展的必然规律……通过考古，我们更要将正确的文物保护的思想传播到每个人，凝聚更多公众的力量。梁思成与林徽因故居之所以能够妥善保存至今，公众的力量是其中重要的因素。只有公众真正意识到了文化传承与保护的重要性，考古学才真正有进一步发展的基础，中国考古在国际上的地位才能够飞跃性的提高。从个人而言，这更是为我们发展兴趣、满足求知欲提供更好的平台，百利而无一害的事何乐而不为呢？

当看到大英博物馆人头攒动、川流不息的人群甚至很多中国人在中国展厅前惊声赞叹，当看到日本国立博物馆的镇馆之宝均为中国古代艺术精品时，当看到一些国家费尽心思想要抢走中国的非物质文化遗产时，我的心情是沉重的、痛惜的，更是坚定的。任重而道远,但我看到了需要做的事情,找到了喜欢做的事情,我坚定并目标明确,跟着自己所想,去做就好了。我喜欢自己挖到陶片时兴奋的感觉,在脑中幻想这片陶片曾目睹了哪些古人的故事,喜欢博物馆里安安静静的气氛,为这些有经历的精品而搭建的它们的家。我希望自己能够尽量去纠正博物馆中出现的错误,还给前来参观的人一份真实;我希望能够亲手摸着史书上记载的古董,感受那异样的超越时空的快乐……

  身为中国人,中华文化的传人,我们有这份责任;身为平常人,追求快乐的人生,我们有这个需求,当考古真正能够满足内心所想,能够契合所追求的生活与肩上的重担,或许一切理由都不是那么重要了。那就考古吧!喜欢就去做吧!不能成为考古学家,学习考古也好;不能全部投入,有机会参与也好;没有机会亲身参与,喜爱也好;不能持之以恒作为爱好、关注也好……最起码,这几天让我将目光真正投射在这个不易令人想起的专业;最起码,我有如此多知识的收获;最起码,我学会了做人应该有谦逊的心态与善于展示自己的能力……不虚此行。

考古的救赎

2010夏令营营员

宗博远　北京顺义牛栏山一中

鲁迅先生的小说《娜拉走后怎样》一直在给我一种启示——凡事都需要追问"之后呢"。而许多易被忽视的问题便产生于这种追问。追问总带有一些归属的意味，是一个寻根的过程，那么，回答这些问题，就是揭示事物本质的必要流程。

关于考古，这些天我跟在考古学家的身后，记下所有来得及记下的东西，零零散散，不成体系，了解甚至背下这些蹩脚的考古专用词语，我想问"之后呢？"有多少人想成为不食人间烟火的百科全书？但我不否认这一动作的意义，虽然此时此刻并不明显。我坚信将有什么东西会出现在某个明天，不起眼的东西也会有涅槃似的轮回，她们一定会幻化成一股巨大的精神力量重锤着生命的鼓面，响彻云天，去除灵魂中的鬼气，是一种救赎。

考古最感动我的地方不在于她的结果，不在于遗物、遗迹、遗址的发现，而在于考古这个动作，这个简单的过程。考古最明显的特点就在于这个挖掘探索的过程。很多人把考古描绘的很复杂，当考古有了结果的时候，被尊奉得高高在上，当考古没有结果的时候，她便被打成"无用之学"。其实，考古是朴实的，没有什么花哨的字样适合修饰的一个孩子，这个孩子有着与生俱来的好奇心，并且是个不合时宜的孩子，需要有人保护这原始的好奇，保护这赤子，免于铜臭的污染，免于物欲的侵害，那才是真正的考古，一个纯粹的世界。这些保护者必须涤荡干净其灵魂中的污浊，在对大地的探索和发现中，同时保持对人生的追问，回归人类的本性，用相同的赤子之心捍卫这纯洁。这些考古者的特质，均由那简单的过程赋予，而这种以探索和发现为核心的思维方式，拯救了在枷锁中服刑的灵魂。

考古的救赎不是某一个人的救赎，而是某一个国家、某一个民族所迫切需要的。我相信，是我们的民族所急需的一种全民启蒙。陈乐民先生在《启蒙札记》的序言中感叹："中国人是多么需要一次真正的启蒙。"考古中，人应该因为好奇的本性而好奇，而不是好奇可以获得什么，就像人应该因为向往自由而获得自由。而不是为获得什么或响应自由的口号。

公众考古学是全民启蒙的第一步，我认为她需要传授给世人的不仅仅是文化传承与保护的理念，而是考古的思维方式。我希望可以更加了解、精准地把握这种考古精神，作一个起到启蒙作用的考古者。

人的本性需要得到释放，而真正的考古学做到了这一点，她为人类本性的释放提供了一个干净的平台，为还原真善美的共存提供了一个机会。

许一世繁华——记考古之夏

2011夏令营营员

赵芸曦　北大附中河南分校

青青子衿，悠悠我心，但为君故，沉吟至今。

夏天是一段旅程

第一次独自出门，远行。抛开任何的搀扶与保护，携一身牵挂与祝福，我迈开脚步，踏上这片神圣的土地，只为撷梦，赋今夏一段不虚此行的旅程。

短短几天，一路走来，跨越了千里沃野平原，穿越了千年亘古时光，每一次惊叹，每一处留影，迅速将每一寸光阴充实成珍贵无比的经历，于心灵深处，虔诚镌刻……

一直在庆幸自己选择了报名，参加北大文博学院主办的考古夏令营，没有错过一次成长的契机。领队老师的随和热情，渊博谦谨；营员同学的见多识广，互帮互助；遗址景点的神秘恢宏，安然灵动……这些，于一个见识尚浅的高中生，都是人生中无比珍贵的财富和不可或缺的历练。而现在，真正的考古之行，才刚刚开始，今后的旅途，定将收获更多精彩。我，想用自己的双眼，见证历史的尘埃，用自己的双手，拨挖生命的遗址，绝不亵渎考古，原本的意义……

夏令营，启程！梦想，启程！

湖水是你的眼神·北大

有人说，"一塌糊涂"这个成语实际上是对于北大精髓的概括，它谐音"一塔湖图"，即博雅塔、未名湖、图书馆。第一次走进北大校园,被她温柔平和的气息所围绕,并没有想象中的激动与兴奋,相反地,很平静,一如未名湖水,安然明朗。

北大是有味道的,一种氤氲在空气中浸透人心的味道。严谨、祥和、包容、安宁,每一片叶子都灵动着北大的气息,在一场雨的装点下愈显风华,昭示她的百年沧桑,百年巍然。无与伦比的内涵使这所学校似乎由内而外散发着神圣的光芒,却始终亲切,姿态美好。这也许就是北大,之所以为北大。

想起一首网络校园歌曲《心愿》,据说是四个北大女学生所写,歌词唱到"湖水是你的眼神,梦想漫天星辰"。每听到这里,就会很自然地联想起北大。在我心里,未名湖似乎也真的成为北大的眼,波澜不惊、澄净安宁、云卷云舒、心如明镜。多少莘莘学子,载梦而来,又将梦想在这里虔诚种下,深深扎根,直至参天,仍旧不休止地向上,向上,他们的笑颜,在湖水的映照下,点缀成漫天灿烂的星辰。

亘古不变的永恒·考古

读过一本书,叫做《跌宕一百年》,书中有句话说:"人永远都不可能真正地认识历史,只能无限地接近它。"我觉得考古是一切科系、职业中最接近历史的。考古学家亲手从平坦的表土层向下一铲铲挖掘,探索一个个沉睡在黑暗中的神秘世界,在废墟遗迹中挖掘出历史的残片,一点点粘连,还原它们原本的姿态,又从每一处细微的缝隙中窥探古人的世界。考古亦是物质追求日益膨胀的当今社会之中,少有的商业气息不那么浓厚、充满中国味道的科系之一,无论是对于中国传统文化的探寻与保护,还是对于历史学科的发展与贡献,都具有相当重要的意义。

在北大听了四位教授的精彩讲座,原本模糊根植于内心的考古,渐渐明晰了形状,愈加镌刻成无法磨灭的印痕,指引我前行，探索，发现，并始终微笑和满足。不是对于自身不谦逊的自满，而是感觉心中有所信仰，安静地满足。我相信每一位学考古的人都是有信仰的，虔诚地尊敬着考古这一神圣的学科，坚定地追随古人跨越时光的长河所留下的印记，用双手，挖掘着潜藏于时光中的历史，抚摸着深埋于土壤中的挚爱。

讲座中给我印象最为深刻的，是唐际根老师的讲座。他精心制作的PPT中，有一张黑底白字，写着一个简短却莫名地令人感觉苍劲有力的句子："死去了，却仍然活着。"这也许就是唐老师心中的考古。它们经历千百年的风吹日晒，又被厚厚的沙土掩埋于地下，模糊了原本的面目，老去，死去，却仍有光华流转，默然倾诉过去的传说，指引未来的方向。唐老师所讲述的一个个动人、有趣的考古故事，更使我深深体味到，一个

图2-44　唐际根老师在文字博物馆为大家讲解。

考古学者，久别家人紧握手铲守卫在考古工地上时，是怎样一种虔诚坚定的心情……

刘教授也说："考古是除了金钱之外，能使你更加充实的道路。它并不清贫，并不寂寞。"是啊，望着身边认真倾听的同学们，便欣然知晓，在这条漫长的道路上，始终有人与我们同行。对于一个人来说，真正的好工作，并不是处处与金钱挂钩，高贵高薪，富甲一方，而是他（她）真正热爱，愿意对其付出年华与汗水，并能乐在其中的事业。

许一世繁华·梦想

弱水三千，繁华一世。有人向往繁盛的生活，也会有人向往倾身于挚爱。无论如何，这场旅程，都会成为人生的年轮中，最深最难以抹去的印记。自己的人生，还是要自己把握，可是如果穷其一生，不能追求喜欢的事情，那到老时，必会是一场遗憾。

写到这里，我想要坚定地告诉自己：我要通过自己的努力，有一天真正地走进北大，亲近考古，愿为它略尽绵薄之力，有所贡献。即便不能得偿所愿，也会始终为梦想执著不懈地奋斗下去，问心无愧足矣。

愿为梦想，许一世繁华。

一字一世界，一物一精神

2011夏令营营员
李梦圆　河南省安阳市第一中学

身为土生土长的安阳人，本来就对殷墟有着非同寻常的亲切感，尤其是痴迷于形象生动、奥妙无穷的甲骨文字。记得佛教中盛行的一句话"一花一世界，一草一精神"。我要说："一字一世界，一物一精神"。"字"便是中国最早的文字——甲骨文，"物"便是商人的遗物。

安阳曾有"一片甲骨惊天下"之说。我虽没有对甲骨文了如指掌，但也略知些皮毛。虽说在已发掘的约十五万片甲骨上，有四千五百多个单字，但识别出的只有一千五百多个字，所以，在甲骨文字的世界里，还有千山万水等待人们去涉足，还有大片空白等待人们去填充。我真的很期待能踏入甲骨文字这个奇妙神圣的国度，为家乡的文化事业尽一份微薄之力，为国家的考古事业贡献自己的力量。

昨天，听唐际根老师的讲座《与甲骨和青铜相遇的日子》，感触颇深。一度为安阳人引以为傲的"司母戊鼎"有可能不是商人铸造的最大的鼎，"司母戊"居然要改为"后母戊"。尽管老师说两种说法都有道理，刻的那个字可以是"司"也可以是"后"，但我一时还不能接受新提出的这一叫法。到底是三千多年前的先人给它起名"司母戊"还是"后母戊"呢？这个大方鼎究竟要表达什么呢？即使有人给出答案，也难保百分之百对。因为我想，考古本来就没有标准答案，因为标准答案已随先人

"黄土垄中白骨埋"了。后人只能通过文、物的探索去寻求一个最接近"标准"的答案。"一字一世界",那就让我把甲骨文字当作时光隧道,让思绪飞回三千年前的世界,感受洹水之滨先人们的生活气息吧?

文字,只有去读它,才能进入它的世界,才能通过它去遥望另一个世界。文物,同样需要去读它,才能领会其中丰富的内涵,也只有你读懂了它,它的价值才得到了最好的实现。唐老师在幻灯上放出这样几个意味深长的大字:"文物死去了,却依旧活着。"我想,之所以说它"死了",是因为它已不符合时代的需要了,也退出了使用领域,被历史的尘埃渐渐湮没了,失去了大放光彩的岁月。说它"依然活着",是因为它所折射出的历史气息、文化内涵永远不会过时、不会衰老。这让我想到我们瞻仰革命烈士,人虽亡故但精神永垂不朽,所以,我将文物中所含的历史信息统称为"精神",只要你发觉出文物的精神,它就算是活的,因为与你作了沟通。

与文物沟通,不仅能了解它"生活"的年代,也能知道它是干什么用的,并以它为窗口,透视那时候人们的生活习惯、风土人情……比如,通过对祭祀坑的挖掘,了解到商代这个奴隶制国家残酷的人殉制,通过对车马坑的发掘,知道商朝时,我们的祖先已经开始驾车了。通过对妇好墓七层殉葬品的发掘,明白"妇好"在国王武丁乃至全国人民心目中的地位举足轻重……

无论是文字还是文物,只要你去读它,去亲近它,便可以与它沟通,让它"说话"。"一字一世界,一物一精神"——考古的世界,"奇"乐无穷!

行走，思考

2011夏令营营员
连晨超　河南郑州外国语学校

短短十天的考古夏令营结束两天了，十天精彩的生活给我带来了美好的记忆：从北大出发到河北，再到河南，领略了北大浓厚的学术气息，见证了石窟艺术的精美，经历了安阳考古的一个个引人入胜的故事，体会了田野考古的快乐与艰辛。这次考古之旅给我带来了对考古的深深的思考，在这十天中，有一些问题一直困扰着我，今天，我对这些问题做出自己解答。

考古学是什么

词典上的解释为：考古学是根据古代人类活动遗留下的实物资料，来研究人类古代社会历史的一门学科。我通过这些天的学习，认识到这句话的含义。这里的实物资料有很多的形式，已不仅仅局限于以前所认识的文物，还包括人类修造的房屋、坟墓、城堡和建筑等，甚至一些动植物化石也在它的研究对象之内。通过对这些实物资料的研究，考古学家对古代的历史文化会有更清晰的认识，从而对研究人类社会的发展起到推动作用。

考古的意义是什么

"考古的意义是什么？"

答曰："考古是我们认识人类过去的手段。"

"认识了人类的过去又怎样呢？对我们现在的社会发展有什么用吗？"

答曰：……

这些问答在我心中进行过很多次,在这十天中,我有了自己的答案。在考古中发现的一些实物,我们可以通过他们知道以前的人的生活状态,知道他们是怎么做的,当时为什么这么做,这种做法对我们这个民族的现状产生了多大的影响。我们想知道一个事物的性质和未来,有一个很重要的手段就是要知道它的过去,知道它从哪儿来,会知道它往哪儿去。考古对于现实的意义就是让我们知道要往哪里去。这是人需要历史的理由,当然也是我们需要考古的理由。同时,考古可以完善历史,丰富人们的精神世界。社会发展不仅是经济、GDP 的增长。和谐社会需要文化建设,考古学的发展和其他人文社会科学一起,丰富我们的文化。文化软实力的建设,和经济一样重要。试问:哪一个民族能仅凭 GDP 而辉煌?

经济发展与考古、文化遗产保护的关系

在夏令营最后一天的座谈会上,这个问题被讨论了很多,我觉得许多同学都把这个问题片面化了。用哲学上的矛盾观点可以说明这两者的关系:经济发展与考古、文化遗产保护应是相反相成的关系,它们之间既对立又统一。

对立:经济的发展给考古与文化遗产遭成许多破坏,这是大家都知道的。在望京楼考古工地的实践中我们也真切地看到了这一现象。公路与水利工程的建设直接对望京楼遗址造成了毁灭性的破坏,令人痛心。我们应该清楚地认识到,望京楼遗址最起码还受到了较好的保护,有多少文化遗产正经历着经济发展所带来的摧残而我们却全然不知呢?

统一:经济发展与考古、文化遗产保护也是相互贯通、相互依赖的。经济发展是考古、文化遗产保护的前提,考古、文化遗产保护是经济发展的要求。我们所进行的考古工作所需的大量资金多为国家拨款,而国家收入的增加依赖于经济的发展;

文化遗产保护更离不开一个拥有强大经济力量的国家，想想在新中国成立前中国经历的摧残吧，多少珍贵文物被掳走，可是我们却无能为力，造成这一惨痛经历的根本原因，不正是我们的经济不够发达吗？当然，我们永远不能以发展经济为借口来破坏文化遗产。进行考古研究、保护文物遗迹，可以发展文化产业，也可以振兴旅游业，更可以丰富人们的精神世界，提高人们的人文素养，这不正可以促进经济的发展吗？

以上三个问题的解答，只是一个高中生的思考，难免会有不正确的地方，希望读到的人能予以指正，谢谢！

考古之旅结束了，我对考古的热情却没有完结。真心地感谢每一位老师、同学，是你们让我拥有这一份美好的回忆。我对考古的关注会延续下去，我也会继续我的思考。

追梦——献给十天的考古生活

2011夏令营营员

李泽浩　北京市十一学校

十天的考古生活结束两天了，我无法从那段快乐充实的日子中回到现实中来。毕竟，那是我追梦的日子。

未名湖静静地躺在那里，偶尔柳叶缓缓飘下，水面上泛起一圈圈波纹，把远处博雅塔的倒影搅乱。未名湖是梦，一个深邃宁静的梦。在北大的西北角有个和未名湖相通的传说是北大最美丽的湖——红湖。红湖畔的二层古色古香的小楼便是我梦中的圣地。

北大的院墙之外就是纷乱的中关村，人来车往、熙熙攘攘，人们不停地奔波着，在这一天天的奔波中变得浮躁。浮躁得让人们只认识物质，不停地为了房、车和老婆四处奔波。这种浮躁之风刮久了人们便觉得内心空虚，模糊了自己的最初的梦。

寻梦？那座二层小楼中的考古人们就是追梦者，他们在追梦的路上不断地默默前行，忍受着孤独和寂寞，为的是自己的理想得以实现，为的是一段段历史真相得以还原，一个个历史遗迹、一件件历史遗物得以保护，为的是民族文化得以传承后世，为的是人类的文化事业得以更好地发展……

面朝黄土背朝天，说的是辛勤的农民，也是这些为考古奉献一生、把汗水一滴滴洒在探方中的考古人。他们的辛劳倍于常人。考古人不是没有快乐，他们的快乐就是在这奉献中得来的。考古人的快乐和痛苦从来就不是对等的，有时候痛苦十分才能换来快乐一分。记得罗队在去响堂山石窟的路上跟我说过："我花了七年才让我自己爱上考古，中间我也曾徘徊过、迷茫过，不知道最初的意义是什么，很痛苦。"但是，他会坚持，坚持的背后源于考古人对考古的执著。只有坚持才会慢慢积累，最终获得自己梦想实现的那一分快乐。

考古人有痛苦，有着常人无法想象的痛苦。记得雷教授在介绍完望京楼遗址时说过："不要以为考古都跟我介绍的望京楼一样充满惊喜，相反，我的心在流泪。"随着社会的发展，国家越来越重视经济，但是却忽视了经济背后的文化遗产。"多少次在探方旁边挖掘机就在工作，有一次我就站在挖掘机前，说：'你要是想要推探方就先从我身上压过去！'"雷教授说这段话时眼圈红了，我也哽咽了，考古工作者顶的压力和挑战是无法想象的！但是，他们能够坚持，能够为保护文化遗产事业振臂高呼，奔波一生。追梦的道路总是困难重重、荆棘遍布。

面对着当今社会上热火朝天的金融、法律，我更愿意把头扎在冷水里清凉自己浮躁的心，冷静地思考一生的意义。金融、法律，也许会给我带来更好的物质生活，但是考古会充实我的内心。人这一生只是过客，做一项有益于社会、有益于人类的事业显然更加有意义，在浮躁的社会中选择属于我的那一片宁静……

韩天雪同学最后时刻跟我说："考古需要的不只是兴趣，还有极强的社会责任感和使命感。"没错，社会责任感让他们为保护文化遗产不竭余力，使命感让他们更加坚定梦想，做到"上对得起祖先，下对得起子孙"。

每一位考古人都是坚定地追梦者，不论道路有多曲折，他们都会义无反顾地去追寻。

叹考古长路漫漫，其修远兮。

看我等人才辈出，上下求索！

考古梦，永不弃

2011夏令营营员

李梦圆　河南省安阳市第一中学

为期十天的考古夏令营结束了。离别之时泪水在眼眶里打转转，却硬是吞了回去，因为我希望最后留给大家的是笑容而不是哭泣。直到下车的那一刻，与老师挥挥手，扭过头，泪水不住地往上涌……回家的路上，心里空荡荡的，灰色的失落充斥心头。

我们怀着同一个梦想——考古梦，相聚在一起，为了追梦一起努力，一起奋进，十天的相处，虽还未让我们达到推心置腹的地步，但结下的深厚友谊，足以让我们珍藏一生。感谢这次考古夏令营，不仅让我触碰到考古这个神圣、伟大的职业，更让我收获了许多——知识、友情、生活态度、人生观、价值观。

我认为参加这次夏令营，最大的意义在于明确了人生的航向，坚定了为考古事业奉献一生的决心。通过这次夏令营，我对"考古"二字有了更深刻的理解。从某个方面说，考古是一种责任——还原历史真相的责任；普及历史文化知识的责任；保护文化遗产的责任；宣传保护文化遗产重要性的责任……

如果现在有人问我"考古是什么？"我想我的答案不仅仅是"考古是利用实物遗存研究过去的学问"，考古还要将过去的社会发展规律服务于当下的社会，造福人类。考古人的责任，不仅是发现先人留给我们的文化遗产，更要让这笔文化遗产惠及民众。

十天的考古之旅，让我充分感受到考古的乐趣与魅力，也让我意识到目前中国的考古形势不容乐观。考古工作者大多时候要忍受孤独、质疑、失望，甚至绝望带来的痛苦；考古人不仅要与盗墓分子做斗争，还要与政府、开发商、工程建设等多方周旋。很多时候考古人是不受欢迎的，迷信者认为"破坏风水"；开发商认为阻碍土地开发；工程建设方认为影响工程进度；政府认为阻碍城市化建设。考古工作阻力重重，但考古人不畏困难，誓死抗争。雷老师神色凝重地讲到，有一次在工地上发掘古代遗迹，旁边就是推土机在破坏着发掘现场，为了保住身后的探方，他用身体挡住了推土机。就在我们去望京楼工地的前一天，工地上的师傅为了保护发掘现场，还遭到了施工方殴打……在此，我想再次向那些为保护文化遗产而呕心沥血的考古工作者们表达崇高的敬意！如果有机会，我会毫不犹豫地加入到这个行列中，为中国的考古事业、文化遗产保护事业奉献毕生心血！

　　不管前方的路途有多么坎坷，多么艰辛，我都不会抛弃，不会放弃我的考古梦。考古之路漫漫，吾将上下而求索！

陶器自称藿与藜——游良渚博物院随想

2012夏令营营员

张潇威　重庆市第二外国语学校

走进良渚博物院，满目琳琅，那些沉睡了千年的器物如今沐浴着柔光像一个个不谙世事的婴孩徜徉在展列架中，熠熠生辉。凑上前去，细细观瞻，我却想活生生地挣脱自己痴痴的目光。不论是曾经刺杀过珍奇野兽的木矛，抑或是盛过饕餮美食的陶豆，再添上祖先们曾饮露放歌的陶尊，修饰妆容的坠饰，它们都已被冗长的年华褪去光泽，被干涩的泥沙腐蚀出血痕，只落下一具具伤痕累累、霉迹斑斑的断臂残肢。我似乎听到了它们的呐喊，听到它们把自己比作藜藿的哀号。正是因为它们扎疼了我的双眼，才使我又有了些许快慰，它们毕竟从岁月的废墟中爬出来了。

将目光再次投向展柜，双耳喜腹的陶双鼻壶顿时擒住了我双眼。直口、圆腹、平底，口部两侧生出两耳，中穿小孔，严谨却不显呆板，平凡却不失高贵。即使缺失了一部分，刺眼的空白像出不好笑的喜剧一样尴尬，但也丝毫不能掩盖双鼻壶那流畅的线条和壶身上细腻的花纹。此物灰色陶胎，快轮拉坯而成，器薄匀整，外披以黑色陶衣，即使陶衣因天长日久而有所脱落，却又生出一种斑纹交错的别致美。整个陶双鼻壶似有一股强大的吸附力，能吸去你满身浮躁与世俗之气，从而敛声屏气、心如止水只能对瑰丽的良渚文明叹为观止。

走出该展厅，一种莫名的感动涌上心头，继而随着血液流遍全身，令人心旷神怡。诚然，亘古的寂寞抑制了文物的光辉，千年的黑暗吞噬了它们的激情，甚至令它们以一副缺胳膊少腿儿的姿态呈现在世人面前，但它们又是幸福的，因为沧海桑田，多少王朝更迭，几度春秋轮换，万里山河在百家中辗转。不管是至高无上的君王，还是鱼肉乡里的士绅终化为南柯一梦，浮尘旧事亦落得茫茫大雪一片真干净。能从历史的磨砺中脱颖而出者，唯古时平凡至极的三两器具耳。它们披着一层神秘的面纱朝人们施施走来，令人不得不为之倾倒而欲解其身世而后快；同时，我们又是幸运的，庆幸自己还能在五千多年后的今天一睹中华文明之卓卓风采，从而提高民族自信心。

不知不觉已步入下一个展厅，放眼一望，满是玉器，有神圣庄严的玉琮，精巧细致的玉瑗，古朴典雅的玉璧，锋利刚毅的玉钺……当中最博人眼球的当数镇馆之宝——"刻符玉璧"。它的一面较为平整，不见切割痕迹，另一面留有切割的凹弧及一条细裂纹。中钻圆孔，孔内经过细细打磨而显得圆润剔透。整块玉璧显得大气从容，宛若天成，但最令人喜出望外的是璧面上深深浅浅地刻的花纹——鸟伏首敛翅侧立在三级阶梯状的高台之上，鸟爪依稀可见。这块玉璧上不知凝结了多少能工巧匠辛勤的汗水，才使上面纹的"鸟立坛柱"显得格外动人，尽管年代久远，但这非但不影响它的光辉，反倒增添了其历史厚重感。玉质斑驳，符纹精细，不愧为良渚博物院藏品中之珍品。

出了展馆便再次回到长长的走廊，还有它怀抱的一池盛夏。池面零零散散地点缀着形似玉环的装饰，与之相望的是一簇簇莲叶，倒真有"荷叶罗裙一色裁，芙蓉向脸两边开"的意境了。只是蓦地，似有万斤重石压于吾心，眼前的清新别逸竟一下子失了颜色。不禁想到，多少古物还在暗无天日的泥沙中挣扎，还在贩子的手中辗转，屈指可数的幸存者虽被诸多博物馆捧为上宾，可真正懂它们的人实在寥若星辰。真正像施昕更这样"镜破不改光,兰死不改香"的大学者、实干家,在当今社会又有多少呢?我不禁同情这些自贱为藜藿的宝贝了。在盛大节日里,博物馆里熙熙攘攘的人群中又有多少为了所谓"提高修养"而来的伪君子呢?正所谓一个没有历史积淀的民族是不幸的,一个有丰富的历史底蕴却不知珍惜爱护的民族是无可救药的。这里实在富丽堂皇,令人流连忘返,可是若能朴素一点,将余钱用于充实博物馆,投入发掘工程,那就锦上添花了。也许平凡的博物院不足以吸引人,那么就真的应该在同胞们的灵魂深处拉响警报了,没人愿意看着考古专业忽冷忽热,因为心疼。所以,我们能够幸运地站在这里还能谈天说地,让我受宠若惊。考古学是一门研究古代人类的物质文化遗存、复原人类历史、进而揭示人类历史发展规律的一门科学,在未来一定能够吸引更多的人才投身于这项伟大事业。

陶器自称藿与藜,因为它们即使摆脱了泥沙的掩盖,又陷入冷冷清清的人间。还有更多的文物仍在掩埋,仍在被毁坏……考古人任重而道远,靡不有初,鲜克有终,学贵持之以恒。希望此类活动能够扩大,坚持,更加平民化,吸纳更多人才,使中华文明得以永存!

我们更应涉猎群书,动手实践须知"操千曲而后晓声,观千剑而后识器"。这样陶器们才能真正摆脱藜藿的自嘲,成为中华文化当之不愧的珍馐。

随心

2012夏令营营员
李一杨　北京四中

我常常想，少有人是真正脱离世俗杂念、忘却金钱权势而飘飘忽超然物外的，如五柳先生此类不顾贫穷而独求心安者，正是世间少有，而考古这门学问，却好像只容得下这一类人的参与，只能由有这般心境的人们来挖掘其内涵。他们对周围一切怀有人类天性使然的好奇，对学问有着崇高的敬意，对世俗浮沉不屑一提。

如同那日上午，在余杭玉架山的考古实践令我加深了这一看法。那炎炎烈日下，工作者们求得是什么？求知识，以扩充这世界的文明历程；求真相，来还历史一个明白；求心安，对得住国家的栽培，扛得起民族未来的重担。几个考古坑，就是一辈子的归属；几个遗址，便十分知足。探方是家，是自己的天地，有这份天地，想想就欣喜。

与这想法相关的某件事令我在下午参观良渚博物院时更为心惊。博物院的某个展厅中，在左侧有一个墓葬，导游说这是属于平民的，因为陪葬品只有一个碗，这表达了主人希望能够吃饱喝足的愿望；右面呢，是两张贵族墓葬的照片，墓中有许多的玉璧，大大小小，摆放在身体两侧，俨然财富与权力的象征。很多人或许以为他们之间不存在任何可比性。可不嘛，一个是贵族，一个是平民，天上地下的差别，无论是权力还是钱财。可若否定他们之间的共同之处，我便不由得心酸。

是啊！他们生前有着巨大的差距，可是这一切终究改变不了身后终成一具白骨的事实。权势改变不了人最终魂归黄土的本性，玉璧最终只会成为辉煌文明的象征，而不会向五千年后的人们炫耀曾经的荣光。他们被同样用做后人研究历史的凭借，甚至有时候连他们的性别也不能够准确的判断出来。骨头上面没有任何标记表示他们的身份的差距，因为那生前荣华早已随呼吸停止而化为埃土。玉璧即使埋入墓中也是死不带去，轻松松无牵挂才是一生！

似乎这一切令我的心情有些沉重，但我却有着起码的对于自己的希望。

我不愿被人"劝君看取名利场"之后才懂得"今古梦茫茫"的道理，我只愿从心所欲，"委心任去留"！

千载有余情：老师的收获

图3-1　河南省安阳市文字博物馆甲骨文碑林。

历史教师心得

图3-2 浙江余杭茅山良渚文化遗址几千年前的脚印。

邂逅考古，了解使命

徐雁　北京四中历史老师

在今年夏天之前，我对于"文物""考古"等字眼是非常不敏感的。虽然我是一个历史教师，但在成为历史教师所受的训练过程中，考古知识是基本缺失的。

2008年的夏天改变了我。来自北大考古文博学院的邀请信把我带到了北大考古文博学院主办的第一届考古夏令营。在这里，我邂逅了考古，遇到了一批热爱考古的学者和学生，尤其庆幸的是遇到一批对考古有着赤子丹心又有着深厚学养的学者，他们感动了我、点醒了我、教育了我。

在这不长的十天里，北大文考古博学院的精心安排，使我和学生们，得以在八百里秦川，翻阅地书，体会考古。以往与考古隔绝的我们，得以在考古现场零距离接触古代遗存，在考古人的引领下展开与古人的直接"对话"。我们真实地触到了历史,这种真切的接触,带我们穿越了历史,理解了历史。

更重要的是,在夏令营期间,我从北大考古文博学院的师生们身上感受到考古的魅力、考古人的魅力。这些在田间地头和书斋讲坛神采飞扬的人们,用他们对于考古的热忱感染了我,他们深厚的学识点醒了我,他们让我意识到自己肩头的责任。正如徐天进教授所指出的那样,我们不是为研究文物(遗迹)而研究文物(遗迹),研究它们,是因为它们承载了历史、"唤醒了记忆"、传承了文明。

我是一名历史老师,什么是历史?从文字学的角度来看,"历史"在甲骨文和小篆中分别表示为:

"歷"(历)的字形,就是一只脚,表示人穿过一片树林。历,过也,传也。(见汉·许慎《说文解字》)。"过"指空间上移动,"传"表示时间上的移动。史,最早出现在甲骨文中,《说文解字》中说:"史,记事者也,从又持中。中,正也。"

当我们穿行在岁月的树林中,怎样知道曾经的穿行,又怎样知道继续前行的方向?过去已遗失在时间的丛林中,我们固然可以通过阅读历史文献来了解,但少了些真切,多了些主观。

考古,通过寻找真凭实据,用文物和遗迹缀合了历史,唤醒已忘却、已模糊的记忆,真实地再现历史,当殷墟、二里头文化、龙山文化、仰韶文化等各种文明遗迹、遗址通过考古工作者呈现在我们眼前时,不同阶段的中华文明之光得以展现,我们的民族在岁月中穿行的记忆就这样被唤醒。这些记忆是我们民族的"集体记忆"。因了这些记忆,我们的民族丰盈、伟大;因了这些记忆,我们这些个体生命对于自己的民族有了了解,并因这种了解而产生热爱与深情。同时,因了这些记忆,作为个体生命和作为群体民族的我们了解了"我从哪里来?",进而才能想清楚"我要去哪里?"

  感谢这群考古人的点醒,让我意识考古的价值,同时意识到自身的责任——承载民族记忆的文明薪火传到了我们手中。我们担负着让其传承下去的责任——尤其是我,一个历史老师。

历史并不遥远

刘莉　华南师大附中

历史，是一门古老且最具生命力的学科。她通过无穷无尽、从容淡定的智慧让人类了解自身历史，指导人类憧憬未来、完美人生！柏拉图和爱因斯坦都说过说："兴趣是最好的老师。"只有我们产生了兴趣，才会有求知欲。历史的最大魅力就在于她的真实性，考古就是引领我们揭开历史神秘的面纱，还原真实鲜活的历史情景，与古人"神交"，体味历史长河中，一个个治国安邦的君主良臣的谋划策略，一个个才华横溢的科学巨匠、才子佳人的逸闻趣事，一件件惊心动魄的重大事件的来龙去脉，都能激发我们对浩瀚历史的探寻和思索。

历史并不遥远，她的气息始终萦绕身旁！

诚祝考古夏令营越办越好！

穿越时空的桥梁

姜健　江苏沭阳高级中学

以前，考古，对中学生是一个既神秘而又陌生的领域，是一个令人向往却又遥不可及的世界。北大考古夏令营，为中学生搭建了一座穿越时空的桥梁，让学生走出教室，走向田野，去体验考古的艰辛和浪漫，去感受先民的智慧和荣光。

在短短十天的活动过程中，北大老师身体力行，与学生朝夕相处，同甘共苦，带领学生考察北京、河北、河南三省的考古遗址、考古发掘现场、博物馆，观摩珍贵文物，进行田野考古发掘和调查实践等一系列活动，用他们的智慧和辛劳，帮助学生揭开考古的神秘面纱，将一个可以触摸到的、真切的古代世界呈现在学生面前，让学生在与先人的对话中，重新寻回失却的记忆，感受历史的厚重。

活动过程中，同学们还亲眼看到大量盗洞，深刻认识到盗墓行为对文化遗产造成的巨大破坏，保护文物、保护民族文化遗产的意识已经在他们的心中悄然发芽。

真切地希望北大的考古夏令营能够坚持，一届一届办下去，为北大，为孩子，为未来……

忆北大第四届考古夏令营

范绮芹　华南师范大学附属中学

领着学生,怀着忐忑,我们来到了北京,参加 2011 年北京大学考古文博学院组织的考古夏令营活动。尤其感谢 2011 年 7 月 16 日北京的那一场雨,它让初次见面的我们在欢声笑语中逐渐熟悉彼此;尤其感谢北大考古文博学院各位老师和同学的安排和照顾,让学生们在紧锣密鼓的实践活动中了解到我们国家悠久的历史和考古学的魅力。

在这次夏令营中,我与学生们一起学习参观,收获了很多知识、友谊、对人生的思考、对中华文明的再认识……

图3-3　华南师大附中历史老师范绮芹在考古现场参与实践。

在望京楼遗址的工地上，吴倩老师那流淌着汗珠的脸颊，积蓄了明天的纯朴的信念；在北大附中河南分校的讲学厅里，雷兴山老师那略带疲倦的面容，蕴含对明天的追求和对在座各位年轻人的希冀；在定窑，在兴隆寺，在响水堂，在安阳殷墟，各位领队老师各具特色的讲解和思维引导，无不包含着对考古学的热爱和对学弟学妹的殷切期望。听着唐际根老师讲述那些刻骨铭心的经历，参观着安阳殷墟考古工作队基地，我们真切体会了考古学人最平凡却又最可爱的一面。

感谢北大考古夏令营，感谢那些与我们风雨同舟的北大老师和同学们！

带队老师感言

图3-4 邯郸赵王城遗址内几位带队老师合影。

一起成长

> 2008 至 2011 夏令营带队老师
> 考古文博学院博士
> 罗汝鹏

第一届夏令营,我告诉学生,"考古是一种贵族生活";第二届,我告诉学生"考古虽好,这个职业不是适合所有的人";第三届,"夏令营就是让大家来放松一下,以助大家高考时动力十足";第四届,"希望大家要做一个敢说会思考的旅行者"。

我是罗队,一个学习了七年才开始明白"考古真是好日子"的笨学生;我喜欢逗乐,不喜欢刻板;我喜欢听学生的胡思乱想,不喜欢谁告诉我这件文物有多少学者研究了多少内容;我是四届夏令营最受欢迎的带队老师,也有同学直接骂我"你到底怎么看学生的,谁最差就推荐谁"……四届夏令营,四十四天的时光,六百多位全国重点中学的顶尖高中生,我们一路走

图3-5 陕西云塘遗址,北大考古文博学院罗汝鹏博士讲解断崖剖面与地层情况。

来,我并不明白,这场考古游戏改变了他们点什么。但是,我却知道,这场游戏深深的改变了我。

我算是中国教育制度、考试制度的受益者,来到了几乎全中国学生都向往的北大,却学习了一门看不到"钱途"的冷门专业。我来自大西南深处的一个边城,一个世俗风情浓郁,也可以说是功利思想弥漫的小城市。忽然间,原本希望躲避的农村生活又不可阻挡地站到了我面前,建功立业的思想好像受到了极大的重创。七年的时间彷徨不前,考古到底可以带给我什么?如上所说,我应该是个不称职的带队老师,因为自己还是个糊涂蛋,却得高调地带着大家寻找考古的价值。四届夏令营,我更像个带头大哥,带着我的小兄弟们和其他组员打擂台,比唱歌,比写作,比胆量,比团结;若要说到学习历史,学习考古,我的队员们应该不会去抢出头,因为每次遇到问题,我说得最多的是"自己想"。四届夏令营,对我而言,认识了一群闹哄哄的小兄弟,应该是最大的收获之一,而且还有几位成为一生最好的朋友。

夏令营,一场游戏,也是一个机遇,因为它背后隐藏着的

"自主招生考试"的巨大魔力，很多高校趋之若鹜的盯上了这顿"500万式"的梦幻大餐，在当今加分入侵的高考战场上，祈求多考三五分，不过多流些汗水罢了，要是多考出二三十分来，那除了超强的实力也得多期待些运气吧？再看看我们的主流电视节目，"鉴宝"日益浮上了日常生活的舞台，连我身在远方的老爹都有人会问问他，需不需要看看自己的"无价之宝"。平静的历史遗留物，透着一夜暴富的天方夜谭。北大、文物，两道香气逼人的饕餮美味，怎能使人不为之动容？很多次，我在思考，能让夏令营更单纯些吗？仅仅是多去播撒一些珍爱历史、珍重自己的种子，因为这颗种子会生长出比那二三十的高考分数更有意义的价值。我一直赞叹着北京四中的小孩，更敬佩他们的老师。这样说不是贬低其他志向单纯的同学，仅仅是因为他们这个团体的整体风貌深深地打动了我。在他们的身上看到了很多与我的不同，没有额外的思绪，仅仅是爱好，是好奇，充满了活跃的思想火花，也展现出青少年四射的活力。

话题有些沉重，这是很多目前一直在改善却仍需要进步的制度问题。从我们所有带队老师的心里都希望，所有的学生能为了自己的爱好去享受每一天有意义的生活，更何况我们一起踏入的是一片充满谜题的绚丽世界。当然，我还有得意的地方，因为四届的机遇，我的队员成功来到北大考古的学生最多，在校园里看着他们成长，聆听着他们积极的人生追求，享受着考古探秘的学术之路。这是夏令营的种子在发芽，给他们一片生长纯净的土地。

考古，是一场神奇的游戏，是这个纷繁喧嚣的大海上一处略显简陋的避风港；夏令营是一叶小舟，载着有幸上船的年轻人驶进港湾，体会一刻生命的宁静。我感谢夏令营，它还是一面镜子，让我看到了过去的自己，也看到了未来的希望！

考古之旅·一组印象

> 2008 夏令营带队老师
> 考古文博学院博士
> 中央民族大学讲师
> 马赛

兴趣与爱好的延伸

亚楠的家里摆满了各种瓶瓶罐罐，可以说，她从小是在瓷器和陶器的伴随下长大的，因为她的爸爸是个收藏家。所以，这次考古夏令营她是一定不会错过的！在各种精美文物的海洋中游走，让她觉得很享受。令她觉得美中不足的，一是她家里收藏比较多的明清陶瓷在这次行程中见的不多；二是她想象中本应该是古朴典雅的西安，竟然也和北京一样被各种商业气氛很浓的商业广告、祭祖大典等等所包围，着实令她失望。古城、新貌，往往不能两全，在享受城市快速发展的同时，也很无奈地看着各种光怪陆离的现代建筑在古建群中拔地而起。古城保护和城市发展该如何有效的契合起来，着实让亚楠费了些脑筋，同时也感到自己身上的责任之重。十天下来，让她更坚定自己信心的，不仅是博物馆中各色文物之美轮美奂，更有遗产保护现状之堪忧。

和亚楠比起来，安宁则更多了几分叛逆，从她的小寸头和一身假小子的打扮就能看出一二。记得报到那天，她很肯定地告诉我以后是不会干考古的，应该只是当作一种兴趣吧。但也就是这个家伙，在几天考古之旅后却成为最为坚定的考古事业的支持者，兴趣盎然地与徐雁老师筹划着成立文物爱好者协会四中分会的事情，而且居然在夏令营结束的时候拿出一份像模像样的筹备计划来，让我不得不感叹于她的热情和执著。

理想与现实的碰撞

思琪是个很有才气的女孩子，安静、内敛而又真实。她对考古，是有着浓厚的兴趣的，可以说，在初入夏令营的时候，她是几个女孩子中最坚定的一个。但是，这次夏令营，于她而言也是一次现实与理想的碰撞。毕竟在这十天中，她理想中的考古生活真真切切地来到了她身边。一方面真正的考古生活让她迷恋，雷老师在"半坡"时讲的根据房子布局、面积和功能推断人口数量的例子让她很着迷，王占奎老师对学问的执著和坚持也让她钦佩，另一方面，一些很现实的东西也在困扰着这个小姑娘。她在日记中很真实地表达了自己的想法，收入的相对微薄，多少让她有些动摇。思琪连续几次考试都是四中的第一名，不出意外的话，即使没有加分也可以考入北大任何一个想去的院系，在爱好与现实之间该如何选择，让她一度有些困惑。另外，对在城市长大娇生惯养的自己能否适应艰苦的野外生活，她也表现出了担忧（在后来的几天中思琪被严重的晒伤看了让人心疼）。

虽然做考古也没有很多人描绘的那么清贫，但是，想大富大贵也确实不容易。因此，思琪所思考的问题，应该是每位现在正从事考古的学者都曾经认真考虑过的，思琪不过比我们更早的接触到这个问题而已。于她而言其实是件好事，如果在真正的了解了考古的状况、经历了认真的思考之后，仍能毅然走进这个被她称为"修行"的领域，那么，她一定会是坚定而执著的。很开心的是，她似乎已经做出了选择，北京四中的徐老师很开心地说，放心吧，她一定会成为你们的师妹的。很期待这个冰雪聪明的小丫头来到考古系的那一天！

收获与成长

思琪说,她之前看了盗墓笔记等书后,只是赞叹于他们技艺的高超,而这次行程后,才意识到他们的可恨之处。于我们而言,有更多的人意识到文物保护的必要性,并且愿意投身到这项事业中来,才是我们最大的收获。最后一天的座谈会上,几个同学就文物保护到底应该农村包围城市还是以城市为中心的问题展开了争论。这其实只是一个方法问题,更关键的是大家都愿意为这项活动付出自己的努力,这就足以让我们感到欣慰。

回到北京后的某一天,突然收到一个短信,是张保卿的家长发来的,在表达了感谢之情后说:"更关键的是,这次夏令营坚定了张保卿报考北大考古系的信心,非常感谢你们,我们也会全力支持他的!"说实话,收到这条短信后,心情甚好,这就是对我们这次活动最好的肯定。

与山顶洞人齐名

十天的夏令营行程,前前后后搬了三四个住处,每次换宾馆时,大家的全套家当便要悉数搬上大巴车。存放行李的地方在车身底部,又低又深。每到此时,便会看到一高一矮两个消瘦的身影穿梭于行李仓内外,将大家的箱子、包啊整整齐齐的摆放好,这便是濮阳一中的张保卿和刘开洋同学。由于工作勤勤恳恳,任劳任怨,得到了一车同学的盛赞,成为与山顶洞人齐名的"车底洞人"……=_=!!!

对虫子的恐惧

野外生活,各种虫子司空见惯,但这对于在城市中长大的女生们来说却是她们今后从事考古的道路上必须面对的"大"问题。夏令营伊始,佳南和小安同学便多次向我表达了对于虫子的恐惧,并认真询问有何克服心理恐惧的灵丹妙药。而我这种神经大条的人从来就没有遇到过这类问题啊……在经历了十天的考古之旅，感受了与各种虫子共度的考古调查，同时也坚定了对考古的执著追求之后，小安同学痛下决心，她在日记中写到，一定要克服对虫子的恐惧，决定一回家就抓虫子练胆儿去！！！

我的随感

公众考古的活动，之前也见到或亲自感受过一些。比如，大葆台博物馆的模拟考古现场，济宁南旺高中生参观考古工地组织，等等。对于后一活动，究竟效果如何，并不知晓。而类似模拟考古现场的活动，绝大部分时间还是处于无人问津的状态，差不多可以总结为"小朋友不会玩儿，大朋友不屑玩儿"。其实，背景知识的缺乏是很关键的一个问题，大家不知晓任何有关工作流程目的意义之类的信息，参与者也无非是抱着挖宝的心态而已。所以，此次出行之前，对这次活动的效果如何也没有很高的期待，毕竟只有十天的时间，毕竟只是走马观花的参观和简单的考古调查。倒是参观的很多景点我自己都从未去过，这可以算我当时的一大期待。

参观其实是件很累很辛苦的事情，无论是对于这些小营员还是对于我们来说，白天的参观学习讲解、晚上还要整理各种住宿车票之类的杂事，偶尔看看大家的日记，十天的日子真得很快就过去了。让我真正对这次活动的意义有深刻感触的，是在最后一天的座谈会上。听到大家谈自己对考古的认识，谈对文物保护的看法，谈今后要如何回到自己的家乡宣传和普及文物保护的知识，当每个人把自己内心深处的东西表达出来的时候，我才意识到这次活动的意义。人和人外表上看起来没有什么不同，而当思想中拥有了这样的意识，内心拥有了这样的自觉和责任感，便不是一个普通的人；我们这些天的努力让他们拥有了或者说巩固了心中的这种自觉和意识，我们的工作也便拥有了不平凡的意义。想到这样的结果中也有自己的一份努力颇感开心。

  这次活动我感受比较深的,一是让大家知道了究竟什么是考古。虽然这些孩子们距离真正的考古发掘和研究还有很长的一段路要走,但可以说他们已经揭开了考古的面纱。我们不期望这75个孩子以后都能干考古,但至少以后在别人提起考古的时候,他们的脑海中闪现的不会再只是"盗墓"、"挖宝"和"鉴宝",他们回到学校,也会向朋友、同学、家人来介绍什么是真正的考古,什么是真正的考古人的生活,这便是考古走向大众的最坚实的一步。正如他们自己所说的,会像星星点点的火星,点亮整个田野。

  掐指算来,我走入考古这行也有将近十年的时间了,但以前却从未试图对周围的人进行过类似的科普,一直以来都觉得自己是个很不喜欢表达的人,但看到这些小孩子都很积极的表达宣传的意愿和决心,作为一个专业人员是不是更有义务从自己做起呢?

  在认识真实的考古的基础上,让真正喜欢考古的孩子留下,也让对此不感兴趣的同学不要误入。来到考古系的这些年,见过各种各样不同原因而来考古系学习的同学。在我读本科的时候,各种调剂盛行,全系90%的人从来没有想过报考考古专业,四年之后绝大部分同学也都转行了,对于这些同学来说,虽然不能说是白学了,但对于考古系而言多少是对资源的一种浪费。现在虽然已经很少有调剂的现象了,但身边也不乏这样的同学,在不了解考古的情况下,自认为对"考古"很感兴趣,有的同学本科准备了四年的时间,就为能考上考古系,但来了之后才发现考古完全不是想象的样子,于是混迹三年之后最终还是离开。这次的夏令营,其实是个很好的机会,让大家了解什么是考古,能够根据自己兴趣爱好来理智的选择自己的高考志愿,这其实是对资源更为有效的利用。

梦想开始的地方

2008 至 2011 考古夏令营带队老师

考古文博学院博士

张敏

接到大师兄为夏令营写稿的邀请之后,就一直借故拖拖拉拉、迟迟不肯复命。倒不是苦于素材太少做了无米可炊的巧妇,而是每每回想起这四届夏令营的点点滴滴,那些欢乐的画面总是在眼前跳来跳去,把情绪折腾得极为亢奋,以至于无法沉寂下心来去写一些自认为带点思考的有点意义的东西。总不好把一篇好端端的感想,写成一篇乱弹一气的吐槽文章,浪费大家的青春吧,那就罪过大啦。经过许多天的冥思苦想,加上大师兄最后通牒的高压,终于灵光一闪,想到了一个不是那么欢乐的话题——梦想。

梦想,这个话题,相信夏令营的每一位同学都不会觉得陌生,而且大部分同学应该都会觉得它很老土吧。是啊,从幼儿园开始,它就一直被家长或者老师拿来问我们,如果小小的你有点小心机的话,还会故意回答得让他们高兴,从中捞点好处。所以,我小的时候,总是会回答要做一名科学家,除了抱着捞点好处的目的外,受动画片里无所不能的科学家的光辉形象的影响,还是真心崇拜科学家的,虽然那时候连科学这个概念也闹不清楚;等到初中毕业的时候,在同学的毕业册上留言,梦想那一栏终于不再是一直以来的科学家,而换做了记者,那个时候《焦点访谈》红遍全国,处于叛逆期的我,对身边发生的各式各样的不公平的事情愤愤不平，总想着有朝一日当个记者曝光这些黑暗面；可惜好景不长，等到高一下学期的时候，我的梦想再次发生转变，成了法医，"罪魁祸首"就是那部讲法医故事的香港电视剧《鉴证实录》，受其影响，我觉得法医很务实也很酷，可以通过科学的手段为案情提供客观翔实的证据，从而使得真相大白于天下；可惜等到高二文理分科的时候，实在经受不住老师的苦苦劝导，舍弃了"瘸腿"的理科而选择了擅长的文科，从而与法医绝缘。大一的时候，还一直对此耿耿于怀，跑去图书馆借了书来看，结果看到血肉模糊的图片，彻底被恶心地断了此念头，安安心心地学起了考古。

说这么多，并不是想说我的意志有多么的不坚定，整天想一出是一出，变来变去的（虽然事实确实如此），而是想说，一直以来我根本不知道自己想要什么，自己的梦想是什么，才不知道该坚定什么。我们在成长的过程中总会面临大大小小的选择，每一次父母、老师或者朋友总会好心地提醒：要想清楚自己想要的是什么。可是，对于这个问题的答案，相信大多数人跟我一样，受周围环境的影响，总是不停地变换着，甚至可能在我们告别这个世界的那一刻，依然迷茫着。能够一直坚定地秉持自己最初的梦想并为之奋斗终身的人，一定是少之又少的幸运儿。

来到夏令营的诸位同学中，最初的梦想就是考古的，一定凤毛麟角，大部分人估计跟我一样，是受了某些外界条件的影响，才萌发了将考古作为自己梦想的念头。当然，还有一小部分同学是抱着好奇好玩的心态来到这个夏令营的，而不是梦想。不管如何，恭喜你，你很幸运：在选择梦想的时候，多了一次重新认识考古的机会。我想北大举办考古夏令营的目的并不在于传授给你多少考古知识，而是通过夏令营向公众展现一个最为真实的考古。对你而言，夏令营的最大作用也不在于能从中获得多少考古知识，结交多少优秀的老师和朋友，而在于你在这次梦想选择中，可以帮你更好地认识考古是什么，帮你更加慎重地有理有据地作出这次选择。

十天的考古夏令营，相对于考古的复杂来说确实很短暂，短暂到无法将它架构出来，但与那些媒体杂志灌输给你的考古面貌相比，却已经真实得多了。至少，同学们印象中，已不再是文物鉴赏、遍地挖宝，而是断壁残垣、灰坑破陶。考古其实不是小说里描述的那般新奇刺激，而是严谨到枯燥无聊的一寸寸地划线；考古人的生活其实并不如诗般浪漫，而是很辛苦，除了忍受烈日曝晒、寒风凛冽的恶劣环境，还要忍受与家人长期分离、不能顾家的辛酸。于是，夏令营便成了一道分水岭：有些人更加坚定，翻越，继续前行；有些人选择了放弃，转身，继续寻找。

不管最终结局如何，夏令营对你我来说都是意义非凡的，即使没有收获梦想，也别忘了，我们还收获了成长。

在考古夏令营里播种

2009 至 2011 夏令营带队老师
考古文博学院博士
王子奇

接到为夏令营出版专书写篇文字的稿约，我欣然应允。可真到了要落笔的时候，却又踟蹰起来。过去的三年里，每一年的盛夏时节，我都作为全国中学生考古夏令营的"带队老师"，随着我们的队伍，和来自四面八方的中学生们一起畅游在祖国的大地上。我们穿越中华文明的腹心之地，走近中国古建的灿烂光华，领略古代佛教的圣洁气息，抚摸那一件件遗物留给我们的气韵生动。一路走，一路行，一路感动，一路收获。也许正因为收获太多，感动太多，却不知，该从何说起了。

当然，最让人迷醉的，还是那些日子，留给我们的快乐。正如著名考古学家格林·丹尼尔所说的："如果考古学不能给人们带来快乐，那它就一钱不值。"考古学家，在田野里辛勤的工作，用发掘出来的遗迹和遗物的碎片，去努力复原那个曾经灿烂或辉煌、黯淡或悲惨的过去。今天的我，坐在电脑前，也只能努力地捡拾夏令营色彩斑斓的日子所留下的碎片，去拼接令我难忘的快乐。

第一次参加考古夏令营，是在山西举办的第二届。山西，是我们国家古建筑保存最好的省份。全国百分之七十的元以前古代建筑均保存在山西省，四座唐代建筑全部在山西省。正是在抗战爆发前夕，研究中国古代建筑的先贤——梁思成先生和林徽因女士，带着当时他们工作的营造学社的助手，在山西五台山第一次发现了唐代建筑，证实了他们中国保存有唐代建筑的猜想，也随即震动学林。此后，随着文物普查和古代建筑保护研究工作的不断深入，越来越多的重要古代建筑在山西被发现和记录。在山西开幕的第二届夏令营的很多重要的参观对象，就是这些重要的古代建筑。作为一名学习古代建筑的学子，我就这样，加入了考古夏令营的工作队伍。

那年夏天，从太原出发，我们一起拜访了很多重要的古代建筑，太原晋祠、平遥镇国寺、平遥双林寺、稷山青龙寺、解县关帝庙曲、沃大悲院……我站在那些绮丽的古建筑面前向夏令营的同学们讲解着古代建筑的特色和结构，所有的孩子们，则努力地记录着，眼神里闪烁的求知欲望和对古建筑的爱与享受，令我感动而欣喜。他们跑前跑后，仔细地观察着建筑的梁架与结构，彩画与细部；他们时而讨论，时而凝思，似乎思考着那些有待解决的疑问。离开古建筑，驰骋在田野上，他们又用欢歌笑语填满车厢，总是用最饱满的精神迎接下一站的到来。到了发掘现场，在探方边，他们认真地观察，努力地聆听考古田野方法和理论。实地调查时，他们又争先恐后，想要努力的实践自己所学到的东西。骄阳夏日，汗水从他们的脸庞滑落，可他们的脸上总洋溢着快乐的笑容。

我想，也许，正是考古的迷人让那些愿意探索的孩子们，感受到了其中的乐趣吧。是他们，在这里，飞扬自己的青春，也给我留下了那些快乐的回忆。

夏令营里，不只有欢乐的悸动，还有知识的厚重。那些曾经陪伴我们一起走过的考古学家们，令人印象深刻。山西省考古研究所的吉琨璋先生、田建文先生，浙江省文物考古研究所的刘斌先生、孙国平先生，良渚博物院的蒋卫东先生，社科院考古所的唐际根先生，郑州市考古研究院的张松林先生，北京大学考古文博学院的徐天进老师、李志荣老师、雷兴山老师、孙庆伟老师……他们，都和同学们朝夕相处，带领同学们走向神秘的考古殿堂，揭开历史的面纱，去追寻那些尘封已久的过去。

　　我至今记得他们在田野间、在博物馆里给同学们讲解时的面容与话语。吉琨璋先生带领大家在曲村—天马遗址周边进行考古调查，汗水浸透了后背；田建文先生抱病登上新田古城的建筑遗址，为同学们仔细讲解每一处细节；孙国平先生拿出田螺山遗址多年发掘的各类考古标本，展示给每一位同学，并在工作站的院内，亲自给同学们讲解如何整理陶器标本；刘斌先生、蒋卫东先生，带着同学们，顶着似火的骄阳，穿越良渚古城，追寻先人的足迹；唐际根先生，陪同同学们，从殷墟博物

图3-6　北大考古文博学院王子奇博士为同学讲解古代建筑构造。

院到文字博物馆，为大家讲解商文明的灿烂与荣光；张松林先生，拿着手铲，来到探方内，手把手的辅导各位同学如何进行田野工作。北大的各位老师们，同样和每一个同学亲切地交流，关切地鼓励。是他们，用自己的学识和经历，向年轻的同学们传递知识，让同学们零距离地感受考古的魅力、体会考古的情趣；是他们，用自己的热情和激情，感染着每一位同学，在年轻的同学们中间，激荡起知识的涟漪，碰撞出思想的火花。

　　这些同学们，也同样努力地从中给养，奋力地捡拾汲取。他们在博物馆的展品前驻足观摩，用画笔勾勒出一张张也许并不精美却认真整齐的线图；他们在田野间埋头工作，用手铲揭示那一页页以前并不了解的地层"天书"；他们在晚间的休息时，回顾每天的行旅征途，用文字记录点滴心得与真情感悟；他们为文化遗产的伟大与精彩发出赞叹，为文物古迹的破坏而痛心疾首、振臂高呼。每每当看到这些，我就为能够加入到夏令营中，去感受考古前辈学者的勤勉工作和言传身教，去体验年轻学生们的求知若渴和不断成长，而感到喜悦和自豪。

　　最让人振奋的，莫过于看到这些从夏令营走出的同学们不断成长。夏令营，是一支宣传队，把考古学、文化遗产介绍给年轻的同学们；是一台播种机，把考古学的发展、文化遗产的传承与保护的思想播种在他们每一个人心中，等待着明日的绽放芬芳。

　　然而，这个等待，并不那么久。就在这过去的几年里，每年都能听到来自夏令营的成员回到中学里向自己的老师同学传达心得的消息。北京四中、重庆第二外国语学校等一些学校的同学们，还在中学的考古社或文物爱好者社团组织社团活动。他们，把考古学的信息带给了更多的人；他们，把文化遗产的概念带给了更多的人。未来的某天，当他们奋战在祖国建设的各个战线时,也许还会牵挂着考古学的发展与文化遗产的保护和共享。也许当他们走上行政领导的岗位,文化遗产的保护与传承,能够更加有力,收效更多。

每年高考过后,总会收到短信,某个同学会用激昂幸福的语气通知我,他已经被北大考古文博学院录取。这些年来,已经有很多来自夏令营的同学,在近距离的接触考古之后,坚定了学习考古的兴趣,进而报考北大考古文博学院,或者去往其他高校的考古、文博或相关专业学习。也许,明日的一代考古学大家,就会从他们当中走出。这些,无疑,是对夏令营的最好回馈。也总让我在想起夏令营的日子,看到他们的笑脸时,心中荡起最幸福的涟漪。

一个人的能力总是有限的,"用众人之力,则无不胜也"。也许,这也正是考古夏令营带给我,带给所有参与的同学最大的收获。我们每个人的成长与进步和夏令营同学日后的巨木成林固然重要;而我们一起的经历,我们所影响的每一个人,以及由此带给中国考古学和中国文化遗产事业的改变,则将是我们最大的收获。

感谢考古夏令营!

夏令营随感

2011 夏令营带队老师
考古文博学院硕士
蒋宇超

面对这份约稿，我是最提不起来笔的一个。年资与经验尚浅，使我犹豫，然而毕竟装了满心的话要说，文字怕羞地，却依然钻了出来。

最初与夏令营的接触，是 2008 年的夏天，我才刚结束本科一年级的学习。机缘巧合，在陕西岐山周公庙考古队的宿舍，我有幸与刚从第一届考古夏令营带队归来的张敏师姐合住一屋。周公庙那些个暑气未消的夜晚，睡眠总是汗津津的，而与师姐聊天听她讲讲夏令营里的故事，能让这悠长而燥热的夜晚变得轻快而爽朗。那是 2010 年的夏天，我跟随导师去浙江良渚遗址群取样——现在回想起来总想用缘分使然作为旁证来让自己窃喜——正好碰上了第三届考古夏令营的队伍！在反山墓地，在汇观山祭坛，在良渚古城城墙，在茅山遗址水稻田……都能看到这些身着营服的青春身影。时值三伏，一年中钱嘉杭地区最为暑热的日子，我们在遗址上进行提取样品的工作，既被暑气熏得头昏脑涨又被太阳烤得皮焦肉肿，尽管这对于一个学考古的学生来说并不算什么，但对于长期被保护在温室里的中学生来说似乎已经是个考验了。这些孩子们（尽管我比他们也大不了几岁）不知疲倦的参观，热情洋溢的提问，或许是新鲜感和好奇感驱使他们，但不仅仅是因为新鲜和好奇。快乐和真实是夏令营带给他们的。

想想来讲,我是很幸运的。不仅仅是在我本科毕业之际、即将进入研究生学习阶段之前加入了考古夏令营"带队老师"的队伍,更幸运的是我参加了第四届考古夏令营的北京—郑州线和浙江良渚线这两次活动。

2011年7月15日,我怀着忐忑的心情住进了夏令营营员即将入住的宾馆。不知为何,想到即将见到那么多年轻的脸庞,不觉有点紧张。距离开营还有两天,与繁琐而细致的准备工作相伴的,是北京轰鸣的雷阵雨。踩在被雨水洗刷干净的街道上,夜幕下的北京终于有了一丝丝安静。远道而来的营员因为航班延误、火车晚点,不期而至在这本应酣睡的时刻。还记得那些半夜才到的营员,尽管旅途奔波身体疲惫,但是见了我们这些接站的"带队老师",毫不客气地赶走自己的瞌睡虫,欣喜的打听着关于后期活动的点滴。7月16日,营员陆续到达。我一边在接待处为营员办理入住,一边紧张地数着六组的营员到底来齐了没。

17日是开营的日子,开营活动和讲座之后是参观北大校园。天公算是不作美,下起了瓢泼大雨,压抑着营员想要尽享北大美景的热情;天公又算是作美,因为沐浴着甘露的北大总会让那份洒脱和骄傲一览无遗。带着六组的营员们欣赏着燕园草木、塔湖图,给他们讲述着北大过往的点滴,自己也仿佛回到了初入燕园的时刻。

夏令营的参观活动带领着我们一路向南,每日在前进的大巴车上翻阅六组营员们的日记。一日复一日,他们书写着一日又一日的新奇和感悟。在河南新郑望京楼遗址的两天田野考古实践活动,让他们滴下了第一滴关于考古的汗水;带领着他们刮了两天的探方,他们提出的关于田野考古的问题总能把我的思绪拉到两年前自身本科田野考古实习。和他们的两天田野考古实践活动一样，本科时代的田野考古实习总能验证一个人到底能不能干考古，喜欢还是不喜欢干考古。尽管这两天的实践只是田野考古工作系统的一个微缩影像，一个关键步骤，但它给予这些少年们的，除了汗水与劳累，还有考古的真谛。考古是寂寞的，不仅仅因为在田野远离了亲友，不仅仅因为在野外磨掉了青春。灯影幢幢下，我们在整理、画图、编写报告，以及掩埋在寂寞之下对于学术的悸动。田野考古像是一场洗礼，有的孩子退却了，有的孩子坚守了。选择与否，并无评判之意。欣慰的是，即使不选择考古，他们也经历了这神圣的洗礼。

短短十日，即是分离，而感伤总不想回忆。随即赶赴杭州，迎接参加夏令营良渚线的营员。或许是江南的温婉，让人的心情也变得轻快不少。但江南的酷暑，快让人的身体吃不消。杭州十日，相伴的仍旧是"六组"。忆江南之时，想起来的不只是西湖美景、良渚美玉，还有良渚六组的可爱笑脸和夏令营记忆。

其实，我特别羡慕这些能够参加夏令营活动的中学生们！他们在踏入大学之前，可以有机会去体验一次梦想！倒不是说我现在后悔选择考古这样的专业，而是说如果能够在我的中学时代有这样的活动，我会更加感恩。选择考古，对于我来说并不算"盲婚哑嫁"，但当时进入大学选择专业的时候，我对考古并没有如此深入的了解，仅凭一些电视科教节目和坊间传言而对考古有一个模糊的概念。2007年进入北大、进入考古以来，老师的教导、书本的引导和田野考古实习的磨砺，让我逐渐对考古有了由外而内、由浅入深的认识。可以说，这几年来的学习和实践，让我逐渐搭构起了一个梦想，我也在渐渐向它靠近。当然，有幸参加考古夏令营的同学就不必像我这样"辛苦"。

而今，我已步入硕士研究生的学习阶段，也算是考古生涯的真正起点。谈起未来，总像是在做梦。梦见有那么一天，我能成为一名合格的考古工作者，谈起中国史前文化能信手拈来；梦见那个时候的我，在回忆过往的时候，会觉得自己走向梦想的过程是自豪而快乐的。

十日情

2012 夏令营带队老师
考古文博学院硕士
邓振华

7月末的斜阳照进车厢,看着火车外飞驰而过的风景,我再一次奔赴杭州。这几年常去浙江的一些遗址取样,夏令营的良渚线也不是第一次参加。于是,在火车上的时候,我以为这次的行程固然会有所不同,但或许大多只是之前很多次行程的重复罢了。直到第一次开小组会,第一次见到那些青春灿烂的面孔,我才意识到每一次夏令营的经历都会是极难得的,是独一无二的。

第一次的小组会,我以一贯的严肃很快地介绍完了夏令营的基本情况和需要注意的事项,让大家做了简短的自我介绍之后,就剩下选组长了。没想到今年的同学都那么积极,几乎所有女生和大部分男生都站起来发表了或长或短的"竞选演说",最后不得不由大家投票来决定。后来的事实证明,群众的眼睛是雪亮的,这俩组长在认真负责之余,将组里的氛围带向了一个我不曾想到的结果。

夏令营所到各处对营员们来说大多是新鲜的,莫角山上的远眺、良渚古城内的暴走、玉架山的考古实践、印山越王陵的恢宏气势、田螺山干栏式建筑诉说着的千年沧桑、各个博物馆里精致的展品……十天的行程,每一处细节都勾起他们的好奇心,每一处地点也都充斥着他们的欢声笑语。

还记得那天午饭之后的休息时间,也不知是谁突发奇想,把餐巾纸放在餐桌的转盘上玩了起来。每每转盘开转，一个个都紧张地盯着那张小小的纸巾，生怕会停在自己面前。一旦停在了别人面前，随之而起的必是一片欢呼雀跃，讲笑话抑或唱歌，总能闹腾好大一阵。便是从那天的游戏开始，我在玩游戏的时候欠了四首歌，并在晚上的小组会之后被逼着一一兑现，也就开始了与他们一起"二"的时光。之后每天小组会后的游戏、参观间隙的八卦、苏堤上被篡改的《雨巷》、一起看的奥运会……十天的时光，十天的喧闹，二组倒真的成了整个夏令营中最热闹的一道风景。当初安排分组的时候，二组分给了我，照之前的经验，我还想着今年的二组怕是"二"不起来了，结果没料到竟是这样的状况。

  现在回想那短短的十天旅程，满满地充斥着的都是欢声笑语，实在不敢想象有一天我也会与一帮年轻活泼的孩子一起疯。二组的灵魂人物自然是全营皆知的"二姐"徐昊钰了，一口京腔的北京姑娘，大嗓门里处处透着豪爽，也使二组在十二个组里打响了"二"的名号。重庆来的"二哥"段涛，羞涩之外也常带着大家一起"犯二"，好在与"二姐"都不失细心，每每活动之时，总会留心把组里的同学召集在一起。喜欢上蹿下跳的"爬树妹"吴碧影，习惯性卖萌"吴下阿萌"张琪，喜欢搞笑而仗义的"伟哥"王小伟，能吃能睡的蒋镕蔚，爽朗的东北姑娘张蕴，就连羞涩的吴俊也在夏令营接近尾声之际露出了二组的特质，文静的李明珠虽不曾夸张地"犯二"却也难免跟大家一起喧嚣胡闹，重庆妹子马琦琴虽不像"二姐"那般打出了"二"的旗号，但不时爆出的"二语"总是让大家颇感无奈。至于最无奈的或许就是如我一般面瘫的徐逗秋了，像他那样一脸严肃的孩子与大家一起"犯二"，倒也多了几分情趣；还有组里年纪最小的"萌物"韦天灏，自始至终的羞涩与腼腆，大概是最不"二"的"二货"了。夏令营结束至今，已不知不觉数十日过去了，但每每回想起与大家在一起的情景，那一张张稚嫩的脸都会生动地映入脑海，心情也变得轻快起来。

犹记得为了晚会每天排练的欢乐，记得做不对动作时"二姐"的着急与无奈，也记得最终动作整齐一致时大家的一致欢呼。最后的那个晚上，不记得玩了多久的"站站蹲蹲"，又玩了多久的"杀人"游戏，与三组的同学一起玩的真心话大冒险仍历历在目，可惜大家如今已散落各地，为了那个单纯而简单的梦想拼搏着。

送大家去车站的那天，一拨一拨地走，一拨一拨地哭，也不知自己多久没这样畅快地流泪。泪水、拥抱，送每一个人坐上回家的列车，下午的时候只剩下我跟张蕴、张琪，还有段涛了。望着前一晚上还满满当当的房间，零食的包装袋尚未来得及收拾，却只空荡荡地剩下我们几个了，不免感伤良久。

送走大家的当晚，建了人生第一个QQ群，将大家都加了进来，只想着让四散各地的"二货"们在紧张复习之余能有个互相交流的地方，如今这QQ群果真成了大家沟通感情的好处所。夏令营结束后的那几天，"二哥"日夜加班又召集大家写了各种文稿，最终在几天内剪好了大家这十天夏令营生活的视频，又不知为各自平添了多少感动。

人之一生大概会遇到很多人，有些人会铭记一生，有些人只不过是擦肩而过。我们常说做考古的人，若在一个工地呆过，关系便会非常亲密，因为那种简单而单调的日子是靠着大家一起度过的，也因为吃过一口锅里做出的饭，那种缘分并非人人都能有的。夏令营又何尝不是如此呢，短短的十天，吃饭、参观、玩闹……每天的大部分时间都是和组里的同学一起度过的，这短短的十日便也不短了，这十日的感情便也不是萍水相逢那么简单了。

如今坐在燕园的宿舍，回想着数十日前的种种，不时打开属于二组的QQ群注视良久,看着每个人来自那十日的特殊昵称,心里不觉温暖。大家都是带着各自的梦想来到了夏令营的大家庭,又在匆匆十日之后回到了各自的处所开始了高三的奋斗,只希望大家都能珍惜这段难得的经历,为各自的梦想拼搏,收获那份属于自己的收获。

夏令营感想

2012 夏令营带队老师

考古文博学院硕士

冉宏林

距离夏令营过去已经一个多月了，心中总觉得有话想说。

与其把这次夏令营当作是带领中学生领会、学习考古，我宁愿将之作为一个自我提升的机会。在夏令营期间，我学到了太多在课堂上学不到的东西，提高了自己、升华了自我。

"90后"和我们"80后"果然是有代沟，不仅仅是生活上，心理也是如此。和中学生在一起待了近十天，感觉和他们之间的共同话题不多，我们的想法他们不会懂，他们的想法我也不会明白。尽管如此，我们还是能在考古这个话题上找到共同话语。在不长的时间里，我们通过正式会议、路途中的闲扯以及晚上没事的聊天，对考古的认识不断深化，这种深化不仅是针对他们而言，也是针对我而言。有些内容可能我一个人想都不会去想，而与他们在一起，我必须要去思考。比如考古对现实生活的意义是什么，我们学院的教育存在什么问题，甚至是心里的考古和现实的考古之间的差距，考古与日常生活之间关系的处理、等等。学艺不精的我，在带领学生参观的时候才真正体会到自己知识的匮乏，看到的东西想讲却讲不出来，因为不知道，却又不敢乱讲误人子弟。因此，这次夏令营充分暴露了我专业知识不足的缺点，有太多的知识我应该知道却不知道。

夏令营带给我的震撼，不仅是对自身专业知识不足的反省，还有心灵上的愧疚。同组有位女孩,心地非常善良,社会上的种种心寒的事情她都会因此落泪。记得有一天晚上,我们聊天,聊到一半,她提到"小月月事件",因为路人对一个幼小生命的漠视而哭泣,那一刻不仅同学们沉默了,我也沉默了。也许我该反问自己,内心是不是也在逐渐麻木,是不是也在一步一步走向黑暗。与那位同学对比,我更应该感到愧疚,在为人处世这方面,我不配作为她的带队老师。

记得从懂事以来都一直有关心我的人对我说,在学校学到的东西只能是纸上谈兵,真正磨炼人的是社会。通过这次夏令营,我深深体会到这一点。也许是从小到大一直都只会读死书,很少参与社团活动,我的社会交际能力一直很差,甚至在人前说话都会紧张。也是抱着锻炼自己的想法,我参加这次夏令营。所谓"身不由己",夏令营期间要带好本组的学生,就算一点交际技巧都没有,也得赶鸭子上架。于是,在车上的活动由我主持,遇到能讲解的参观地点我去参观,刻意让自己接受这种锻炼。短短十天不到,我感觉已经有了极大的提升。真的很感谢这次夏令营带给我的进步。

千言万语,道不尽我的感激之情。总而言之,通过这次夏令营,我学到很多东西,让我以后的人生道路能够更加通畅!以后无论我在什么地方,从事任何事情,我都不会忘记这十天的经历,尽管短暂,却又深远!

一串回忆，几番敬佩

> 2012 夏令营带队老师
> 考古文博学院硕士
> 王冬冬

2012 年北大考古夏令营浙江线的活动紧张而又有序，讲座与参观接连不断。令人感动的是每个地点、每次参观都会有满怀专业热情的老师给大家细细阐述，谆谆教导。

还记得在开营仪式中，各位领导在发言中对同学们寄予的厚望。北京四中历史老师对国家与社会的千忧万虑，营员代表对于未来美好的憧憬以及他们具有的朝气蓬勃的气质。还记得在开营的四场讲座中，北京大学的赵辉老师对于"考古学是什么"这个学科基本问题由浅入深的阐述，沈岳明老师对于龙窑等独具慧眼的想法，蒋卫东老师对于玉琮几十年如一日的不辍研究，还有同是北京大学的杭侃老师活泼生动的古今重叠城市的考察，以今天的杭州与南宋的临安城为例。还记得在参观良渚古城中，浙江省文物考古所的刘斌老师为了见到大家而匆匆赶回来，声情并茂的介绍良渚城墙、良渚文化、良渚人的故事；还记得在参观南山石窟寺中，营员们将北京大学的韦正老师围个水泄不通，认真聆听的场面；还记得在参观印山越王陵时，罗师兄扯着嗓子向大家介绍这个形制特别、规模宏大的春秋墓葬，以及引导同学们深入思考的良苦用心。

记忆最深的是 8 月 2 日，营员们经过长途跋涉来到余姚田螺山遗址这日的事情。余姚田螺山遗址是一处新石器时代河姆渡文化的重要遗址，出土大量有机质遗物，因而无论在石器、陶器的研究上，还在植物、动物的研究上具有重要的价值，这个遗址的发现为复原古代社会提供了更多可以参照的依据。在遗址保护大棚的参观过程中，映入眼帘的是整齐的探方、成排的木桩、插满红旗的各个地层的土样标本、罗列整齐的盛放遗物的筐子。近距离面对这些远古时代的遗迹与遗物，无不令营员们对这个距今七千年前的人类社会产生无限的遐想。

毕业于北京大学考古文博学院的孙国平老师长期从事田螺山遗址的发掘与整理工作，他热情的接待了我们这支浩浩荡荡的队伍。由于那日参观人数较多，孙老师分两批不厌其烦地为大家介绍田螺山遗址。孙老师从整个浙江省新石器时代考古概况谈到田螺山遗址的具体情况，从1949年前所作的零星工作展开到近年来的重要发掘，声情并茂，语重心长。而对于考古这项工作，作为长期在一线发掘的孙老师有着更为深切的认识。他认为，考古工作累和苦是必然的，但是做着这样一件为人类文明有着贡献的事情，又是令人骄傲和自豪的。提问阶段有营员不解得问到：研究一个石头，一根骨头，到底有着怎样的意义？孙老师回答说，所有的研究都有价值，但都不是终结，对于石制品的产地来源，对于骨骼种属和加工痕迹的鉴定，虽然只是研究的第一步，但是对于下一步了解当时人类社会、自然环境的情况有着重要的意义，我们不知道在未来，通过一粒小小的种子到底可以解读多少鲜为人知的历史。

孙国平老师的介绍很是发人深省，而其他老师在讲解过程中，也不乏这样让大家感受深刻、从心灵得到启发与鼓舞的时刻。各位老师一路上向大家讲述的不仅仅是良渚文化的器物分期和时代特征，也不仅仅是田野调查和发掘的具体技术和方法，而是传达一种精神，一种虽知苦累却仍以重构人类历史作为毕生梦想的精神，一种不求物质上的富足、只求精神上的饱足的精神，一种不是为了个人的功名利禄、而为了整个社会找寻遗失的记忆的精神。而传达这种思想的方法是通过身体力行的方式，这种启发不是通过语言，是通过行动在不知不觉和潜移默化中传递给别人。也许这就是考古人的品行，我们可以形容他们是人类思想的建筑师，是寻觅隐藏记忆的探险家，是还历史以清白的审判官。

但是，我们也要正视这样一种现实。考古不是万能的，它也不尽完美，它不能将历史的细节一一呈现在人们眼前。考古不是孤立的，单凭它解决的问题是有限的，它是和其他学科一同发展与进步、共同攻克问题的。因而，我们不能偏执于一门学科，局限于一种爱好，要将考古作为自己的兴趣所在，而非职业使然。

如此这般，方不枉我们将考古进行一生。

鹤鸣燕园：北大学习生活

图4-1　燕园红湖：北京大学考古文博学院所在地。

初入燕园

图4-2 北京大学西门。

考古杂思

考古文博学院2010级本科生
2008夏令营营员
张保卿

夏令营：考古的筑梦之旅

我所认识的考古，是随着我的成长而不断深化完善的。

小时候，了解考古的渠道还是比较单一，仅仅是通过看电视、读报刊而片面地了解考古。因此，我对考古的印象是不全面的。当时，和大多数人一样，我只是想当然地以为，考古就是在荒郊野外，手拿小铲子挖土，再拿小刷子将挖出的东西上的泥土擦掉。那时候，我觉得考古学和历史学没有很大区别，对考古学也没有很多的了解。

随着年龄和阅历的不断增长，我逐渐爱上了历史，并略微明白了考古学和历史学的联系和区别。考古学是历史学科的一部分，但它与历史学有较大的不同。历史学主要针对已被发现的历史进行研究和归纳总结，而考古学则是通过研究远古人类的遗留物，对没有历史记载的史前文化进行探索和发掘。可见，考古学是一门重视实践的学科。考古学与历史学也有紧密的联系，考古学对历史遗迹进行研究后总结出的成果便被历史学辩证地吸取，上升成为理论。因此，考古学是历史研究的基础。有句话说得好："实践出真知。"考古学具有实践性的特点，从而注定了它在文化人类学的独特地位。

后来，因为对考古学较为感兴趣，我抱着拓展视野、增加知识的心理，参加了北京大学考古文博学院举办的首届考古夏令营。在短短的十天中，我有幸与考古界的大学者们近距离接触，感受到他们对考古学倾注的真挚情感。还记得，齐东方教授在与我们合影留念时坚决不在前排就座，而和后排同学站在一起的场景；还记得，雷兴山教授在讲座《大周原密码》中谈到"十墓九空"时惋惜愤慨的表情；还记得，王占奎教授给我们作第一堂考古讲座时对"岁在鹑火"提出自己的解释；更记得，刘庆华、马赛、施文博等几位师兄师姐带领我们参观学习，不厌其烦地为我们解释考古专业名词的情景……

这次考古之旅，带给我的并不仅是其他人都不了解的知识，而且更拉近了我和考古学的距离，加深了我对考古学的理解。当时，我便决定，即使以后不能真正做一名考古人，也要始终不渝地支持考古事业，为文物保护尽自己的一份力量。除此之外，几位师兄师姐在一起的时候互相玩笑调侃，就像一个家庭一样温暖，这是令我印象最深刻的场景。我对他们的生活充满了羡慕，真想过着这种充实而不失活泼的生活。我想，做一名考古人挺好的。

这次夏令营的十日之行，除了获得了一些对于考古的直观的认识之外，我还被几位老师的个人魅力所折服，他们朴实无华的衣着中散发着书卷气息，淡定的话语中透出对考古的热爱。另外，通过和几位带队的师姐交流，深深体会到了他们心中对考古的那份归属感。若能够"与有肝胆人共事"，做自己喜欢的事，真是人生一大幸事。

此外，在这次十天的考古夏令营中，我认识到，考古不仅仅是以实践的方式进行对历史的研究，它还肩负着另一个责任，这就是在研究历史的时候，引起民众对传统文化的重视，并对历史遗迹进行保护工作，使传统的中华文明及华夏精神得以传承下去。目前社会飞速发展，生活方式迅速演变，传统文明范围迅速缩小。考古学家则脱离社会的喧嚣，静静地坚守着传统文化的净土，他们就是传统文化的守护者。考古工作的存在，使世人的精神文化领域得以多元化，为人类精神文明呈现多样性创造了条件。

于是，夏令营归来，我便更加投入学习中去。我知道我的目标又多了一个，而这个目标，是我需要花费大力气才能达到的。最终，又经过两年的努力，我终于如愿以偿，迈进了北京大学考古文博学院的大门。夏令营对我来讲，与其说是一次旅游和参观，倒不如说是一次筑梦之旅。它使我第一次考虑到自己的未来，并让"考古"这个名词在我的心中扎下了根。

考古文博学院：梦想再一次起飞

众所周知，北京大学考古文博学院是各高校同类院系里最顶尖的，她有培养出一代又一代卓越的考古人的能力。尽管我对考古文博学院尚未有充足而完善的了解，但我知道，这里是诸多考古人魂牵梦萦的地方。牛顿说过："如果我看得更远的话，那是因为我站在了巨人的肩膀上。"考古文博学院就是考古界的巨人，身处考古文博学院，每日聆听大师的教诲、在茫茫书海里泛舟，只要我勤奋努力，成功的顶峰并非那么高不可攀。在这里，考古人能够真正地展翅翱翔，从事自己喜欢的事业。

考古文博学院更是人才聚集的地方，无数的天之骄子齐聚于此，能够使我不断完善自己的性格，取别人之长补己身之短。所谓近朱者赤，身处考古文博学院，我的精神和人格一定能够得到升华。于是，我选择来到了北大。

初入考古文博学院，给我的最大感觉是温暖。虽然我们是一个人数比较少的小院系，但是这也决定了我们彼此之间的联系十分密切。同学之间亲如兄弟姐妹，学长也是对我们照顾有加。在这里，我感受到家的感觉。虽然离开家乡，但是并不失落。

在考古文博学院，我还感受到学术的氛围。每次在和学长们交流时，都能觉察到那种浓浓的书卷味。比起有些院系来说，做考古更需要专业知识，这也决定了考古文博学院浓厚的学习氛围。每当看到博物馆资料室里高高的书架、厚厚的资料，我都会想，需要学的知识太多了。

此外，由于我对考古的兴趣使然，参加了院内的社团——文物爱好者协会，并在新一学期的换届选举中竞选为理事长。在我看来，我们院与其他院系不同的一点就是，新老生之间的交流很融洽。我想，这很大程度上要归功于社团的纽带作用。

新的起点，新的人生，新的挑战。的确，通往前方的路上有太多荆棘，但我不会放弃。一位学长说："人生最重要的事，就是一辈子做一件最喜欢的事。"是的，不管别人如何说，自己仍应去坚持走自己的路，走自己想走的路。

关于夏令营

考古文博学院 2009 级本科生
2008 夏令营营员
周杨

2011 年，陕西周公庙田野实习。时隔三年，又一次回到了周原沃土之上。故地重游，再次站在凤凰山顶眺望远方，微微弧起的地平线，一望无际的广袤大地，历史的雾气让人的视线模糊，看得到斗转星移，却辨不清今夕过往。每一个时间断裂的地方，也同时在闪耀着创造的光芒。无论过去还是今朝，生活都总归是零零散散的整合，正如历史亦是零零碎碎的片段。与其说复原历史，倒不如说是在相似的背景下体会一下历史背后的动因与情感；与其说是回顾生活，倒不如说是感受一下生活背后的喜怒哀乐。

2008 年的夏天，第一次参加了考古夏令营，第一次来到了凤凰山下，第一次和来自全国各地的佼佼者们一同学习，一同交流，一同游戏，一同去畅谈未来。那个夏天，收获的不仅有欢乐，有友谊，有憧憬，还有一份沉甸甸的梦想。正是在它的激励与鞭策下，在一年之后，我可以流连于未名湖畔，穿梭于鸣鹤园间，来体味过往。

2009 年秋，正式踏进了燕园的大门，时至今日，已过三年，纵然仔细咀嚼，亦不得当时的感受，倒不如摘录当时的日记，能更加真实地反映这些年来的生活轨迹。

2010年4月13日　日记：

依旧践行着读书和出行的计划，为了每周末的出行，不得不在工作日更抓紧时间。读书以提升品位，出行以开拓视野，我喜欢这样的生活。或许更准确地说，是喜欢这种状态。生活确实是需要一种状态，一种精神气，一种存在的节奏。

但毕竟，行远必自迩，登高必自卑。看的经历的多了，越发感到自己的无知与浅薄。自己确实还很幼稚，还有太多的东西需要学习。这个学期以来，周围的很多人都在讨论如何转系，如何规划前程，而我对此却似乎变得后知后觉。我的心境比以前平和了许多，对此更希望是顺其自然。有人去爱，有事可做，有一个或许并不明朗的未来去追求，这已然是一种积极的状态。不过，越往以后，每做一件事都不像以前那么简单，因为每一件事的背后都有两个字，叫做"责任"。对自己负责，对别人负责，对社会负责，能以问心无愧当足矣。

与燕园的柔和相对的是山鹰社的激情与坚毅，这个北大最"尚武"的社团体现着北大的劲骨。存鹰之心，志在高远，参加他们的训练并不为图什么发展，只为了能为自己注入一些激情

图4-3　山鹰社野外合影。

与阳光。爬山重要的不是速度，而是坚持。从小到大，跌跌撞撞，正是靠着缓慢的坚持才不断前进。

但是，只要不停下，就会有新的进步，新的发现，新的期待。春风过后，我辈当是生如夏花。

2010 年至 2011 年间，去了十多个省、自治区、直辖市旅行，一路上丰富了阅历，同时也感受着旅途的欢乐与艰辛。参加了我院的"指南针计划进大学校园"活动下的暑期实践，在路途上感受着历史与社会的重量。

2010 年 12 月 30 日日记：

今年的旅行跨及北京、天津、河北、山西、陕西、江苏、浙江、上海、甘肃、青海、西藏，由南到北、由东到西地画了一个十字。旅行中常常一个人静静地思考，颠簸与疲顿中总会有新的感悟；旅行中也会结实许多新朋友，只要你坦诚相待，无论到天涯海角都不会只是一个人。关于这点其实有许多值得回顾的，但在此也就只好是概括一下了。

1. 旅行的意义或许并不仅在于求解，而更在于求证。一种信念往往产生于出发之前，而升华于归来之后。有了举轻若重的积累与纠结之后，才能有举重若轻的洒脱与自如。

2. 古人说：行远必自尔，登高必自卑。现在这种感觉越来越强烈，走的地方多了，越发感到自己弱得要命。但知耻而后勇，我想只有把人放在天地之间，才能更好地找到人的位置吧。

3. 在今年的旅行中，一路上思考的最多的便是"信仰"二字。如果说在发达的东部地区很容易被繁华迷乱双眼的话，那么到了青藏高原，这两个字就如巍峨的雪山一般闯入人的视线

图4-4　2010考古文博学院赴江浙地区暑期实践团。

与脑海。然而，就如我们远眺珠峰望眼欲穿一样，信仰很多时候都是一种可望而不可即的东西。我们这代人生活在平原上的人甚至连望也不屑望上一眼。那是个人的选择，没有必要过多评论，我只想说这一年的旅途使我更加明白了这样一个道理：人是为信仰而活，而不是用信仰而活。

2010年至2011年，担任学生会副主席，主管体育工作，尽自己所能将各级赛事办好，让更多同学参与到体育活动中来；同时担任历史考古足球联队领队，在一个团队里努力扮演好自己的角色。

2011年4月23日日记：

运动会总算落下帷幕，又一块石头落地了。首先感谢大家两天来顶着烈日冒着大雨的辛苦与守候。接管体育部一年来，努力做着各种工作。用心付出并看着历（史）考（古）联队一点点壮大，男排从无到有、大家都热情高涨，认真组织着各种友谊赛事及校内的各种比赛。现在只想说，或许一切尽在不言

图4-5 2011年考古文博学院体育部合影。

中吧。还是以前那句话,我并不想非得靠什么成绩来说明什么问题,只要大家能觉得一年来在一起工作的很愉快,将来有一天还能想起曾经一起失望一起欢笑的日子,我就心满意足了。谢谢你们!最后要说的是,我永远不是你们什么领导还是主席还是神马神马,我就只是与你们一起走过一段时光的伙伴,弥足珍贵。

2011年的秋天,田野实习。一个学期的野外生活,可以说是大学以来最充实的日子,这个过程中,既是对自己的一次历练,亦是对过去与未来的一次思考。

2011年9月16日日记:

现实就像探方里的浮土,揭掉一层又会有新的一层,之前所弃掉的东西总是之后要面对的东西。浮土总是在影响人的判断,然而,对一个色盲而言,有没有浮土都是一样的;对一个经验老道的人而言,有没有浮土也是一样的。可惜我们只是大多数，于是手铲才有了存在的意义。

世上有一种人，会欢笑，但也会流泪；会失望，但也肯期待；会失败，但也会总结；会肆意张扬，但也会静守一方；会在过去与将来前毅然决然，但也会在理想与现实前犹豫徘徊。这个人，叫做自己。星斗其文，赤子其心。永远都努力做最好的自己，然后，渐渐走向远方，闪亮于天际。

图4-6　实习掠影。

燕园随想

考古文博学院 2011 级本科生
2010 夏令营营员
张姣婧

当金黄的落叶如锦缎般在校园幽静而充满韵味的小路上编织着美好的时光，当清澈的未名水悠哉哉于碧蓝的天幕下吟诵着梦想的诗章，我，和那些同样快乐的、匆匆的身影，行走在北京大学这片令人心驰神往的土地上。我知道，自己将从这里起航，用当下和未来的每一寸时光去完成人生最丰盛的绽放。

初入燕园时的好奇与惊喜，在一个多学期的学习生活后转换为对北大由衷的赞叹和对这突如其来的幸福生活的深深热爱。可以说，进入北大后纵然短暂却精彩不断的生活是我未曾料想过的，而种种困难与挑战则为这幸福的生活增加了波澜，就像阳光下平静的大海不时泛起的点点浪花，让我坚强，促我成长，也让我学会了在感恩中珍惜当下，放眼未来。

在我眼中，北大是美好的。

她的美在于优美的自然环境和别样的人文风景。未名湖水倒映着博雅塔的倩影，静园草坪与古色古香的四合院遥相辉映，朝阳下有莘莘学子晨读的身影，图书馆里有徜徉书海流连忘返的学术精英，百周年纪念讲堂中一场场精彩的话剧电影陶冶心灵。短短一学期内，我充分地感受到了北大通识教育的魅力。在这里，学习的不仅仅是专业技能，更是涵盖各个学科的综合性知识，大量的通选课、平台课和可以任意旁听的各学科专业课，充分满足着我们对不同知识的兴趣及需求，丰富着我们的思想，让每一颗跃动的心都更加完整、丰盈。在课堂传授知识之余，精彩、精湛、精美绝伦的各种讲座亦值得大加赞赏。上学期，我一一聆听了几乎所有引起兴趣的讲座。我在曹灿老师激昂的情绪中体味朗诵的艺术，在王一涵女士温柔的声音里感悟成功与幸福，在冰心的女儿吴青老师对"文革"的血泪回忆中思索历史与人生……所有的这一切想必也只有在北大这样一所充满文化气息而又景色宜人的校园中才能享受的到吧，求学于北大，是人生的幸运。

　　北大的美好以学术为底蕴，以生活为色彩。在这里，处处涤荡着的不仅仅是刻苦求学的精神，更是生命的活力与激情，阳光而充满力量。

　　北大的生活是精彩的。各式各样的社团活动让人应接不暇，有时候，社团不再简单的是志趣相投者的聚集地，而能够内化为一种心态甚至是生活方式。校园里的流浪猫因为猫协爱心人士的热心帮助而找到了毕生的归宿，千百人观剧的礼堂里因为志愿者灿烂的微笑而井然有序，传统文化的魅力因为国学社、文学社以及朗诵爱好者协会的弘扬而经久不息，太多的选择让每个人都能找到属于自己的天地，驰骋自己的心。除此之外，高质量的运动器械与专业化的场地，配以别具特色的锻炼制度，促使每一个学子强身健体，彰显青春的活力；BBS上的生活分享在寂寞的夜晚散发出家的温馨；热闹的食堂里奋斗不息的"万马千军"更加激发了大家对美食的热爱，每每都会从这来之不易的饭菜中感受到一种别样的香甜，永远不会厌倦，只是留恋与想念。

　　太多的精彩只有走进才会发现，邂逅北大，是生命中最完美的一次遇见。

当然，现实的生活并不总是一帆风顺，困难与挑战是走向成熟的必经之路。大学的生活与高中迥然不同，自主自立是享受生活的前提，再也没有"你应该"之类的话语，没有人跟在身后为你忙东忙西，一切的美好都要靠自己的心去发现，一切的机会都要靠自己的努力去争取，一切的痛苦也都要靠自己去消化。渐渐地，不再会害怕一个人走夜路，不再会让繁琐的事情打破内心的平静，也不再会因为学习的压力而焦灼不安，只是不断努力地在学习与生活的挑战中感受到更多的美好，一步步走向心灵的自在与坦然。一路走来，发现所谓的困难总是可以化为成风成烟的往事，真正不会改变的是那些迷惘过、拼搏过、坚定过的时光所带来的成长和内心的力量。所有的挑战皆是生命的必需品，而能够在北大获得这样的赐予，该是怎样的一种幸福与荣誉！

走近你，爱上你，依恋你，我的燕园，在未来三载多的日子里，我将努力让你自强不息的精神激荡在我的血脉之中，让你雍容大度的情怀流淌在我的心底，映射在我的眸中，我将加倍珍惜我所拥有的和即将得到的一切美好，在这片圣洁的土地上，让"我的大学"开出生命中最炫目的花朵，葳蕤盛放。

漫漫征途

图4-7 考古器物绘图需要细心与耐心。

漫漫考古路，悠悠赤子心

考古文博学院 2009 级本科生

2008 夏令营营员

解心怡

今年是 2012 年，考古夏令营已经是第五届了，而我恍然中才明白已经有四个年头过去了。高二暑假不寻常的十天，回忆起来仿若昨天，并且越发使我觉得与考古结缘似乎是冥冥之中的天意。

2008 年的暑假有幸参加了第一届考古夏令营，当时的我对于考古没有半点了解。在我印象里，考古就是电视里看见的辛勤的考古工作者拿着小刷子一点一点清理浮土。这个学科对于当时一心憧憬上北大的我而言，很遥远，很神秘。但是，这就是机缘，这个遥远而神秘的学科就这样走进了我的生活，或者说，开始改变了我的生活。

图4-7　2008年第一届考古夏令营营员解心怡在周公庙遗址观摩出土遗物。

在夏令营的十天里,每一天对于我都是新鲜的。第一天的讲座课上,听齐东方老师讲唐代金银器,听王占奎老师讲天象与日期推算。从那时起在我看来单调索然的考古学科一下子熠熠生辉起来——我会被那些闪闪发光的金银器、明质润泽的璞玉打动,会被那些挖得工工整整的探方吸引,就好像鉴宝节目里的珍贵藏品一下子离自己那么近,那种无知的欣喜与激动激发了自己最原始的好奇心。

当我第一次拿起手铲笨拙地学习着刮土,每一铲仿佛拨开了历史的浮土;当我第一次亲手刮出一块西周的陶片时,那种感觉似乎一步踏进了千年古史的漩涡:原来这些都是千年以前的人们拿起、放下过无数次的东西,如今就这样传到我的手里。有一种沉甸甸的学无止境的感觉,也使我更加好奇,打碎了那只陶罐的人在千年前究竟是如何生活的。从那时起,在我看来遥远的考古学科一下子拉近了我和历史的距离,同时变得立体起来了。

顺利考入燕园后,大一大二两年都在学习分期考古课程。

我充满向往的考古变成书本扉页里的照片,变成大段印刷字体里的陈述句,变成赛克勒博物馆展柜里的说明词,变成一种我好像认识又好像不认识的事物。在大学的头两年里,我第一次感受到考古的广博与无穷无尽。那是我们作为后生作为考古信徒怀着一种顶礼膜拜的心情,重新感受考古,感受历史的宽宏与自身知识与见识的狭隘。在这个过程中我也曾质疑过考古,也曾迷茫过,我不知道每天学习的城址规划、聚落规模、墓葬形制、动物骨骼和人体骨骼到底有什么意义,似乎打破了原初对考古的希冀。

直至大三上学期终于迎来了田野考古实习,我才得以重新认识那个曾经熟悉过的考古。2011年秋天又一次来到了周公庙,早在夏令营期间就已经来过这里。此时,凤凰山的夯土城墙只剩下小小一块,周公庙庙门也重新整修,山下还是那些勤苦的农民与一直奋战在这里一波接一波的考古工作者。这一次,我不再是游客或是观众,而是以北大考古学子的身份来这里体悟。

每天在日月同辉中,背起行囊,面朝黄土背朝天的度过一

图4-8 参加过2008考古夏令营的北大考古系2009级学子重游故地——周公庙凤凰山

天又一天，而这种亲身经历，使我对考古的印象一下从二维的变成四维的。看得见摸得着的黄土地里，清清楚楚的地层线，以及看得眼晕也得硬着头皮划出来的土质土色，从黄土里翻出来的碎陶片每一块都在诉说着最原始的故事。有一种感觉很奇妙，在这样一种隔离城市喧嚣的地方，反而让内心沉静下来，每天做着简单的工作却思索着最深入的问题，好像这样一种生活更加真实。

在田野收获最多的就是知识，不论是各位老师的授课还是身体力行的经验，于我们都是人生中不可多得的财富。还记得入住周公庙第一晚全民疯狂斗蛐蛐，还记得领手铲、队衫、书包三角板时的兴奋，还记得一起摆弄全站仪布方的手足无措，还记得挥舞锄头开方的兴奋劲，还记得迎着夕阳写探方日记的惬意，还记得国庆聚餐高唱的国歌，还记得邀几个好友对酒当歌的洒脱，还记得包车去澡堂洗澡的欢愉……

我都已经忘记了是从哪一天开始七点自然醒搭第一班车去上工，是从哪一天开始可以自信地学会划线挖层了，是从哪一天开始养成了随手掏出笔记本记录发掘问题的习惯，是从哪一天开始对自己的探方有思索和认识，也忘记了是从哪一天开始明白这半年远离尘嚣静心学习或"修行"是多么难能可贵的机会。

还记得挖出第一个灰坑时的欣喜，还记得那些边线清楚简单的灰坑们，用一锄头就到底的失落，还记得扩方后画了好久的地图就是弄不清楚的遗迹关系，还记得自己的探方出土带字的卜骨让我惊喜万分，还记得那间教室作为辨识陶器的标本室的时候，大家围着一圈、三三两两地讨论着鬲盆豆罐的典型特征，还记得那间教室作为整理室的时候，大家焦头烂额地拼罐子、一言不发地码字排图的样子，还记得故地重游重登凤凰山时那种无悔选择考古的坦然。

有甜必有苦，有苦也必有回甘，我们也曾抱怨过压力大，也曾怨念过伙食差，但不曾抱怨过这样清雅的生活；我们曾经愤愤过谁偷懒，曾赞许过谁勤苦，但不曾抱怨过这样的群居生活；上工的车上插科打诨，请客宴席上对酒当歌，或者离开这探方、这院子的恋恋不舍，都是我们珍惜这段岁月的理由，也都是我坚定走下去的理由。

刮土间隙站在田垄上，抬头望望触手可及的蓝天白云，澄澈而单纯得如同一颗崭新的心一样，那样宁静地伫望着下尘，好像那一瞬间有了通透的体悟，一切的忧伤显得那么矮小轻浮。看着断坎下面辛勤耕作的农民，走一步撒一波种子，每一步都仿若踏着韵律，扬起的种子在空中划出一道短暂而优美的弧线，生活在此时格外诗意，格外真实。

还记得是在这里和亲爱的朋友嬉笑打闹；还记得是在这里和亲爱的朋友半夜里拿着垫子偷跑出去，躺在田野里，看繁星看月食，看一场又一场华丽的流星雨；还记得是在这里背对探方学会面对困难学会独立成长；还记得是在这里德高望重的老师们给予我们的最亲切的指引与关怀。

这些现在回想起来，还是按捺不住的激动心情，使我重新品味考古。考古绝不是挖宝那样简单肤浅，也不仅仅是刻板地证明历史、复原历史，而是从残砖剩瓦中管窥千年的社会，而是站在平整的白灰面上、闭上眼睛感受千年祖先智慧的无穷无尽，而是用一些最真实的实物来给予我们一个最真实的曾经。没有文人骚客的粉饰，不是器物本位的挖宝，而是还给大众一个本该属于我们该铭记的过去，该崇敬的智慧。

考古工地离北京一千多公里，但距离沉睡的西周王朝却只有不到五米的距离。横向纵向的距离就这样神奇地把历史与现实接合起来，沉下心一铲一铲刮开历史的浮土，呈现给我的是最朴实原始的生活。被打碎但棱角依然尖锐的陶罐碎片，被砍斫过的动物骨头，规整有序的圆形柱础，边线清晰的夯土地面，这些无不让我兴奋地想象着他们过去的生活，也似乎就是我与先祖沟通的载体。那种兴奋、好奇而又谦卑求学的状态，没经历过的人们无法体会到。

当四个月的成果化作一本厚厚的考古报告、化作扉页的照片、化作印刷字体间的淡淡的陈述句的时候，再看这些却有了不同的感觉——每一句话都是每一位用心考古的人用辛劳与孤独，最为负责地还原给大众的历史；每一张照片都是每一位用心考古的人，本着对先祖造物的崇敬，最为真切地还原给大众的社会。想起自己四五年前对于考古的印象，不禁哑然笑了——这是一门太大的学问，而自己走进这个世界，顿时感到了知识狭隘的卑微；这是一门太神圣的学问，而不懂得不珍惜的后生走进这个世界时，顿时感到了见识短浅的可笑无畏。

于心灵，是作为考古信徒寻得一方心之净土，做着最朴实的学问，感受心底里最本真的沉静，重新感受历史之包容，自然之大美，民风之朴实。这些最真最善最美的生活，也使自己甩掉了尘嚣的患失与怯懦。我很感激就这样遇见了考古，也很感激考古赐予了我这么多。

时过四年，还记得高二夏令营的时候来周公庙许愿，愿自己终可以梦圆北大。此次终于寻此良机还愿，并许下新的愿望坚定前行！

凤凰鸣矣，于彼高岗。

幸甚至哉，歌以咏志。

夏令营的感想

考古文博学院 2009 级本科生

2008 夏令营营员

孙沛阳

一转眼，夏令营已经过去三年多了。最近老是写些回忆，写着写着，总觉得这个时间过去真快，总有时不我待的感觉。

很小的时候就有考古的理想，而北大的考古系就一直是那个时候的梦想。然而，梦想归梦想，北大这样的殿堂总是不敢高攀的。偶尔在角落看一眼这个理想，虽然会有一小许的满足感，但毕竟还是要回归现实。美好的梦想离我好像还是很远的。虽然心有余，但深感力不足。一个很偶然的机会，我知道了北大有考古夏令营。当时，真的没想到通过考古夏令营，能够让我有一个转变的机会。这就是冥冥之中的安排吧。

自从参加了北大的考古夏令营，我的生活发生了一些改变。参加夏令营让我发现有触及北大梦的渠道，我高考的时候信心满满、目标明确。高考发榜，得知自己进入北大，欣喜之余，暗自说要做点事情。进入北大后，对于自己的学术充满自信，做科研时候的当仁不让，凭着科研成果打动了教授，有幸参加了北大竹简清理工作，还参加了北大"拔尖人才"古典语文学的培养计划，等等，这一环扣一环就像是蝴蝶效应那样，一直影响到今天的我。可以说，没有夏令营，我可能就不是现在的我。我怎么能不感到欣喜，怎么能不感谢考古文博学院呢？我感谢北大赐予我这个机会！

我热爱考古，是因为考古学的研究对象是实实在在的。让我在认知方面觉得是有东西可以抓得住，不至于空落落的。同时，考古学兼具两个作用。第一，学科自身的研究方法和学科特色，使得他可以以自身为中心建立起古代的物质文化史。第二，学科所研究对象，也是文史哲进一步研究的新材料。考古学本身的实在性和丰富性也让我着迷。不可否认，文史哲近些年出现了一种研究趋势，那就是主要依靠考古新发现材料，同时采取交叉学科的研究理念来阐述旧问题，或者有时候也能提出新问题。像是20世纪70年代之后大批的古书简帛出土之后，在考古界、文字学界、史学界、思想史界等领域都展开了如火如荼的讨论。这些考古学材料的发现就像是强心针一样的，扎扎实实地打在了时代的学术研究上，推动了学术的进一步发展。

听那些毕业、已踏上社会的学长学姐说，大学的生活是最纯粹的、最值得回味的。等走上社会就会完全变样。我还没走上社会，未必能够深刻理解。但是，现在我们大学生对自己母校高中的爱也确实如此，有的时候总会告诉我们高中的学弟学妹："高中的岁月是最单纯的，是很快乐的。要珍惜！"既然我们也是这么说的，那么，学长学姐对我们说的话可能也是对的。既然如此，大学的生活就千万不能虚度。在这个时候，要是所学的专业能和自己的兴趣契合得上，应该是最幸福的、最没有遗憾的了。于是，夏令营招来的学生应该是对本专业最有兴趣的，相信他们的大学四年应该是最幸福的！

到了大学中后，我自由自在地驰骋于自己的学术理想中。比较自豪的是，我参加了北大挑战杯学术竞赛，而且文章《上海博物馆藏楚竹书〈周易〉的复原与卦序研究》得到了专家学者的认可，并发表在即；还有幸参加了北京大学藏秦简的室内发掘工作，并在工作中发现了"简册背划线"现象。这个现象也受到重视，并已经成文发表在复旦大学《出土文献与古文字研究》第四辑上。考古文博学院为我提供了一个非常宽松自由的学术环境，让我无比荣幸。

在北大将近三年了，一步一步走过来，让我看到了学术退去光环后一些本质性的东西。北大的一位教授曾经对我讲过："学术是一件很矛盾的事情。做学术不能不认真，要是不认真的话做不出什么有价值的学问；但又不能太当真，太当真的话也是什么都做不出来。"这句话乍听之下觉得非常可笑，至少我前几年听到后觉得非常可笑。但现在想想，这几句话讲得多么中肯，多么实在，也体会出当中的一些辛酸和无奈！确实是这个样子。学术的发展受制条件太多了。由于发现的材料可能是不完整的、研究的方法可能是不正确的，研究结果可能和预期差的比较远，而且大部分的情况，预期的结果是做不出来的。所以，有的时候学术并不是一腔热血就做得出来的。见过不少学者，他们受到的打击多了，学术理想也就慢慢磨灭了。想想也挺让人觉得遗憾的。

不过，我认为解决这个问题的关键在于，一个学者要做学术的主人，就要学会跳出来。首先，学者需要对材料有一个宏观的把握，知道材料的特征，能够帮助在哪些方面解决问题，同时，手头上的材料又有哪些局限性。达到这个要求的前提是本身要有很深厚的学术积淀。其次，尽可能的创新，一个是材料的创新，一个是在运用材料的方法创新。新材料的出现，总能对一些旧问题做些新的阐释，给学术带来新的发展动力；方法上的创新也是非常必要的，在没有发现新材料的情况下要谈旧问题，不求诸于方法的创新，基本上也没有希望。问题之所以还被称为是问题，是因为用旧材料和旧方法没能力解决，那么，沿老路走下去，恐怕还是死路，而创新的方法，就需要借鉴相关学科，掌握他们的研究成果和研究方法，从不同的角度切入，综合起来研究同一个问题。

同时，学术研究近些年又面临一个新的问题，就是材料的涌现让人目不暇接。我做简帛研究的，知道最近学术界中有不少学者都在惊呼："新的简帛不要再出现了，已经让人快看不过来了！"新材料的出现也就罢了，与之同时出现的有数不尽的研究文章、研究著作。很多学者都说光是文章就"看不完了"。随之产生的一个问题就是，由于大量的时间在追逐新材料，真正学术思考的时间会随之减少。很明显的例子，在90年代初出土的"郭店简"，大家对"郭店简"学术讨论的热情一下子高涨得很厉害，持续了十数年直到现在，"郭店简"在古文字界、思想史界、史学界等学界的讨论中还是很有影响力的，对于这批材料的阐发也相对比较到位。但是，而后出现的"上博简"、"岳麓简"、"清华简"等等，由于材料多、出现的时间间隔短，导致研究的风气如一阵东风，过去便罢，很多材料的阐发显得零零散散，都没有那么到位。这种学术的风气的改变不能不说与材料数量爆炸有关，在竞逐新材料的时候，忽略了对这些材料中潜在问题的发现和思考。这是学术界近些年所面临的新困惑。

一个事物的发展不可能不出问题，而出了问题，解决了问题，事物的发展就在进步。我相信，学术的未来是属于青年一代的学者、青年一代的学生。现在多学习、多关注、多思考、多实践，对于未来的学术发展是相当有意义的。

以考古为伴

考古文博学院 2010 级本科生
2009 夏令营营员
乔苏婷

2月的北京，气温依然徘徊在零度上下。即使常有晴天，也总觉得风冷得像要把自己的脸冻掉一样。奇怪的是，尽管这样，我却不曾有过什么怨言。也许是身上的细胞知道自己在下一个冬天前要离开这里了，对北京的寒冷有所"忍让"。

转眼间，从参加北京大学第二届考古夏令营到现在，已过去两年半。到夏令营举办满五周年的时候，我应该正在着手准备下半年的实习。我不清楚自己与考古的缘分究竟开始于何时，但可以肯定的是考古夏令营是将我推上考古之路的一个加速器。在这里，我第一次见到一群真正的"考古人"，是他们让我更加肯定了自己的选择，并对自己今后要走入的世界充满期待。

四年前，在我做出学习考古专业的决定后，恰好看到第一届考古夏令营已成功落幕。这个消息让我找到了一条能够走近考古的路。当时的我想着如果能在一年后顺利参加夏令营，亲身接触这个领域，确认自己的选择没错，是件挺好的事。很快，在2009年夏天，我顺利地成为第二届考古夏令营的营员。随大家一路从晋北行至豫西，我看到的不仅是从夏商到明清的实物遗存，也是历史留给我们的记忆，是考古人九十年来走过的漫漫长路。

从记事起，喜爱历史的我不知走过了多少博物馆。然而从晋祠、"曲村——天马"遗址到三门峡虢国墓地，夏令营依旧给我带来了无数惊喜。晋祠里人地和谐的风景，三晋大地上木结构建筑的精妙，沉睡在二里头地下的夏文化，作为遗址保护成功案例的虢国博物馆，以及其他种种参观、学习经历，让我从多个侧面重新认识了考古。考古是理论与实践结合紧密的具有很强实践性的工作。它需要实证角度上的高度严谨，逻辑判断上的严密推理，以考古地层学、类型学为代表的多学科合作和一群学识广博的考古人。这是考古的特别所在，更是它的乐趣所在。

曲村考古工作站里立有两座属于考古人的纪念碑，它们记录着二十多年前在曲村遗址发生的往事。其中一座石碑的正面大气地写着"走向田野"。这是考古人走向广袤山河，探寻中华民族发展史的壮志豪情。一代代考古人走向田野，在天地间寻找着被历史遗忘的故事，为华夏大地上的灿烂文明正名。二十多年后，我们围在晋侯墓地的车马坑周围，听带队老师讲解遗址情况，希望捕捉到眼前的每个细节，在脑海中再现遗址被揭露的整个过程。这也是我们拉近自己与考古间距离的方式。

除了抓住机会如饥似渴地学习知识，我还往往被感动着。在十天的接触里，老师们对考古的热爱时时打动着我。他们为大家讲解时的仔细，回答问题时的认真，参观到精彩处的欣喜都被我看在眼中。他们对身边的文物敏感、细心，对满怀好奇的营员们充满热情。虽然只与真正的考古人相处了短短十天，他们在我心中留下的形象却永久难忘。

夏令营结束一年后，我顺利进入燕园。也可以说，我是为了考古才来到这里。上大一时，一位老师在座谈会上说，我们有能力考上一所好大学，是凭借我们近二十年来积累的对社会生活、对知识的记忆；我们的国家要想繁荣发展，同样需要她五千年的记忆作为支撑，而考古人就是承担传承记忆的责任人。当时我就想，这是我听过的与考古有关的最美好的比喻，也是一句恰好能表达我内心想法的话。

从走上考古路到现在，已一年有余。一年中，我从懵懂的大一新生转变成文物爱好者协会的会长。这其中的变化，是我不曾预料到的。初入燕园时，学习生活并没有预想的紧张。直到大一后期，专业课渐渐重起来，才慢慢找到上大学的感觉，学会向课业挑战。也许是因为夏令营让我看到了考古人的严谨与沉稳，我也以做踏实的治学之人为自己的目标。既然头也不回地选择了这条路，就不想对自己的付出有所遗憾。

目标说起来简单，做起来却真不容易。都说干一行，爱一行，一行也有一行的责任。作为大学生，我也不能只埋头读书，不去认识社会，不去了解我将走入的行业。为了锻炼自己，并希望在大学中多做些与文物知识普及有关的工作，我加入了考古文博学院的前辈们创立的文物爱好者协会。加入协会一年半，我从骨干成员成长为会长，身上的担子也越来越重。从校园乃至社会，关注文物事业的有心人有很多，如何能满足大家的需要，实现会员们的期待，是我和其他文爱成员们常挂在嘴边的话题。在这一年中，我们带领会员参观了故宫、国家博物馆等多家身处北京的博物馆；在校园中举办了有关考古、民俗等内容的讲座；承办"指南针计划进校园"系列活动；开展校园文物定向赛……我们有许多成绩，却仍有很大的进步空间。如何能开展更加多样化的活动，增强活动效果，我们还在思考、尝试。必须要说的是，我们得到了院里老师和同学们的很大帮助，这让我一直心存感激。

当然，学习专业知识依旧是我最基本的任务。没有理论知识的储备，就无法顺利地进行真正的考古发掘与研究工作。通过对考古学导论、文化遗产概论等基础课程的学习，我对考古和文化遗产等概念有了更全面的认识，并开始从多个角度思考考古对实际生活的影响。在夏令营活动时参观过的虢国博物馆还成为我有关遗产保护作业的极好素材。进入大二后，专业课学习日渐紧张，中国考古学、动物考古、科技考古……我见识到了考古工作所需要的广博的知识和技能，也深知我了解到的还只是冰山一角。因此，我没有将自己的视野局限在学科内，也选择了被"划分"在其他学科领域中，学习对考古有很大帮助的课程。虽然每天都过得不轻松，甚至疲惫，有时还带点抱怨，我却一点也不后悔。我在燕园，在考古文博学院所收获的很多东西，是在别的地方很难得到的。

　　一路走来，我为自己能参加考古夏令营而感到幸运。它带着充满好奇的我认识了一个新的世界。这不仅在于我了解了什么是"考古"，也在于我得以从老师们的身上看到了一颗颗虽不再年轻，却为理想而依旧朝气蓬勃的心，看到了所谓学者的专于学问、淡定超然，进而对考古充满憧憬，转身在燕园中一直努力着。

　　在又一个忙碌的周一，我写完这篇回忆小记，聊以纪念我从考古夏令营出发后走过的路，也真诚地希望夏令营能圆满顺利地举办下去，继续带领有志于此的年轻人走入考古的世界。

逐梦·寻我

考古文博学院 2011 级本科生
2010 夏令营营员
冯玥

不知是不是学了考古的原因，总是很喜欢回忆过去发生的事情。漫步在湖光塔影下，常常感到自己是无比幸运的，能在向往已久的校园度过自己的大学生活，能学习自己热爱的专业，能拥有自己的梦想。而幸运的来源，便是在浙江度过的那个难忘的夏天。

由于对文物的兴趣，很早以前就动过学考古的念头，但每当别人问起来考古是什么，自己却无言以对，而夏令营恰好为我提供了一个认识考古"庐山真面目"的绝好机会。短短的十天，却对我以后的道路产生了极大的影响。

夏令营自然是欢乐多多，惊喜不断，我至今都清楚地记着印山大墓、田螺山遗址、良渚琮王展现在我面前时给我带来的巨大震撼，也记着第一次拿起手铲时的激动和快乐，总会想起和组内同学一起排练节目时快乐的细节，也忘不了跟在博学的老师们身边聆听教诲的瞬间……但对我产生最大影响的，是三句简单的话语。

第一句是头一天培训时杭侃老师说的：考古是人类带着永恒的乡愁，去寻找回家的路。我倏然间明白，考古是研究历史的学问，是为全人类整理回忆的神圣事业，是让历史的智慧为今天提供启迪的工作。而考古人则可以在这个过程中将自己的

图4-9 与夏令营认识的朋友们合影。

生命与人类发展的脉络紧紧相连,为人类了解过去、追寻未来贡献一点自己的力量。这样的生命将是何等的幸福!

第二句是带队的博士生说的。那时我们正随便聊天,听他讲不断拼对陶片到抓狂的经历,我问他觉得苦不苦,他笑着说:"很苦,但必须一直做下去,当它们对上的一瞬间,你觉得一切都是值得的。"我知道了考古没有鉴宝节目中的光鲜亮丽,没有小说电影里的惊险刺激,没有诗人笔下的浪漫洒脱,有的只是日复一日的辛勤工作,其中却有难以为外人所理解的快乐和幸福。

第三句是研究河姆渡遗址的孙国平老师讲的:考古作为一项职业,有点辛苦,但作为一项事业,这点苦是微不足道的。我从这里懂得,支持这考古人年复一年坚守在条件艰苦的工地上的力量,叫做"热爱"。只有真正地热爱考古,全身心投入其中,方能达到"乐以忘忧"的境界,体会到别人感受不到的幸福。

就这样,通过夏令营,考古由心中一个有点遥远的梦想变成了一项值得为之付出终生的事业。我愉快地选择了考古,选择一条虽有些辛苦却充满快乐的道路。夏令营得到的手铲一直摆在书桌上最醒目的位置，时时提醒我自己在为什么而奋斗。高考结束后，当大家都在为志愿而焦头烂额时，我毫不犹豫地在第一志愿填上了：北京大学考古文博学院。

上天是眷顾我的，让我顺利地到达了理想的彼岸。走过宿舍前的小路，看着一片片金黄的银杏叶打着旋儿飘落；坐在图书馆的落地窗旁，看着清晨的阳光一点点渗入自己的书页；伫立在赛克勒博物馆高大的玻璃展柜前，静静地听着每一件文物讲述它们自己的故事……种种美妙的享受，都让我对一切充满了感恩。但我也知道，这远远不是结束，而是新的开始。

一次次激动地坐在教室里，等待那些只在书本上见过的名字出现在面前；一次次在资料室穿梭，咀嚼每一段文字的意义；一次次快乐的出行，去往殷墟，周公庙，牛河梁，寻找北大考古人自己的故事……所谓"大师身旁宜聆教，未名湖畔好读书"，软硬件资源都很丰富的北大考古文博学院，为我实现梦想提供了一个广阔的空间。虽然只有短短的半年时间，我却学到了极多的东西。不仅仅是有关考古的知识得到了很大的扩展，思维方式和观念也有了很大的转变。过去只觉得考古与历史密切相关，现在也开始关注不同学科、技术在考古中的应用；过去"见物不见人"，只关心器物本身的精美，现在开始注意它们所蕴含的历史信息及背后的人类活动；过去只考虑博物馆是自己享受清幽的圣地，现在开始讨论它服务社会的方法和效果……每一节课都是一次思想的洗礼，每一次活动都会带来新的认识。这更让我意识到，做一名合格的北大考古人绝非易事，但会使生命得到升华。

想想自己走过的并不长的一路，开始明白，走向考古，既是逐梦，又在寻我。我找到了自己热爱的专业，拥有了一份值得为之付出的理想，同时也明白了自己存在的价值和意义，以及为生命着色的道路。这一路很顺利却不寻常,因为它既是探寻一个原本有些陌生的领域,也是在重新定位那个熟悉的自己。我会记得是什么让我走到了今天,也知道是什么在支持我走下去。

逐梦,寻我。这样的旅程永远没有尽头。相信我会在我的大学生活中继续追逐我的考古梦,寻找一个更有意义的人生!

图4-10 北京大学考古文博学院2011级本科生于河南安阳文字博物馆参观合影。

触摸考古

考古文博学院 2011 级本科生

2010 夏令营营员

王小溪

　　初秋的风缱绻而温热，略带一点点闲适的气息，从如水的岁月中吹过，漾起一圈圈涟漪。在这个最美丽的季节，我走进了燕园，走进了考古文博学院。

　　和考古结缘，还要追溯到高二暑假参加的考古夏令营。就和好多同学一样，那时的我对考古的印象仅仅就是电视上的《探索发现》和《盗墓笔记》。那时的考古对我来说是浪漫的，是高贵的，是惊险刺激的。而夏令营让我这个站在门外的孩童初窥考古的本来面目，褪去了新奇神秘的外衣，考古变得甜美而奇妙。

　　考古不是阳春白雪，不是曲高和寡，他是流动在我们身边的对历史的赞颂。有人说，考古学的全部事业，就是重建已经消失的生活；有人说，考古就是带着淡淡的乡愁去追溯童年。在我看来，考古的最终目的就是让我们每个人都找到自己心灵的根，让我们记忆历史，品味历史，推动历史。考古就像手铲，手铲让不同时期的地层对话，考古让现在与过去相携。

　　当然，考古也让我体会到其中的艰辛。在茅山遗址时，我蹲在地面上，一点一点挖着土层，太阳晒得我神智都有些不清楚了。这一刻，我真的觉得考古好辛苦，跟原来心目中浪漫的形象差得太远。不过当我挖到一个陶片时，辛苦全都烟消云散了，满心都是欢喜，也真正理解了领队老师说的："考古的乐趣就在于每一铲挖下去都是未知的。"

现在，我进入了北大，开始了对考古学科系统的学习。上学期两门通识性的专业课让我对考古学和博物馆学有了全面而深刻的了解，也开始有了自己感兴趣的方向。考古文博学院是一个温暖的大家庭，虽然我们人少，2011级的本科生只有21人，但是大家很快就混熟了。还有热情的师兄师姐，他们给我们提供了很多帮助。中秋晚会，新生杯辩论赛，新生杯排球赛，安阳学习考察，"一二九合唱"，双旦晚会……大家一块儿生活，一块儿学习，一块儿玩乐，这样的大学生活亲切而温暖，完全没有以前听说的疏离和冷漠，相反真正有一种家的温馨。

世界并不是从孩子的瞳孔看出去那么纯净而单一，反之在芜杂的世界里，人是被密密匝匝的关系裹成的一只茧，每一根丝都代表着金钱、名利、地位，都是可以量化的名词，却早已失去原先的温度。选择了考古，就是选择了一片清净天地，或许有些孤独，有些寂寞，但还是可以触摸到自己内心温热的脉络，而不是摸到被名利包围的厚厚的铠甲。所以，爱考古，首先要爱孤独。周国平说过："孤独源于爱，无爱的人不会孤独。也许孤独是爱的最意味深长的赠品，受此赠礼的人从此学会了爱自己，也学会了理解别的孤独的灵魂和深藏于它们之中的深邃的爱。"与孤独为伴的考古是那么的纯净，而这纯净，是考古所吸引我的一个重要原因，也是夏令营时感受到的对教授们精神的一个概括。因为纯净，所以认真。

到现在还记得临行前一晚和路老师的谈话，老师的话让我认识到了未来的路还是很难走，摆在考古面前的希望还是很渺茫，无论是家庭还是待遇，这些都是我选择考古后必须面对的问题。我不愿意让我的父母因为我的选择而为难，也不愿意看着十年后的自己在求职市场上左右张望，但我不后悔当时做下的决定，不后悔对考古的那一份执著与坚持。

时光的刻刀总是不失时机地在人生的旅途中刻下各种各样的图案，一处有一处的精彩，一处有一处的美丽，都是生命的绝版体验。十天的夏令营，是人生给予我的一份美好的礼物，这份礼物让我走进北大，走进考古，走进一片陌生而美丽的新世界。

附录

五届全国中学生考古夏令营行程

2008年第一届考古夏令营

在陕西省举办。此次夏令营路线，从西安出发，重点围绕寻踪周秦汉唐文明的，途中依次考察参观了半坡遗址、兵马俑博物馆，陕西历史博物馆、碑林博物馆、大雁塔、汉阳陵博物馆、茂陵博物馆、乾陵博物馆（含乾陵、懿德太子墓、永泰公主墓）、法门寺博物馆、法门寺地宫、周原考古遗址（宝鸡市和扶风县的两处周原博物馆、召陈和凤雏两处宫殿遗址），铜器铸造作坊观摩，周公庙、周公庙城墙与大墓遗址、宝鸡青铜器博物馆、凤翔秦公一号大墓。之后返回西安。

这一线路自史前到盛唐，年代跨越数千年；参观考察的地点有博物馆、遗址、佛寺、墓葬，并在西安郊外的陕西考古所的泾渭基地进行考察，在周公庙遗址、周原云塘遗址进行田野调查，在杨官寨遗址田野发掘实践。

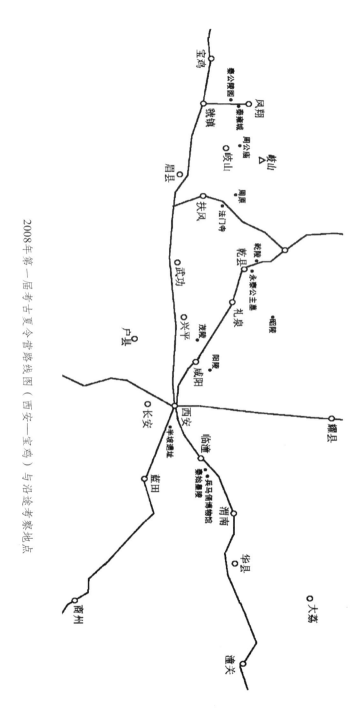

2008年第一届考古夏令营路线图（西安—宝鸡）与沿途考察地点

2009年第二届考古夏令营

与陕西文物考古研究所联合主办。

我们的足迹从山西中部一路走到河南西部,沿途主要经过了3个考古工作站(曲沃、侯马和二里头)、5处考古遗址(丁村、二里头、晋侯墓地、新田遗址和平望古城宫殿基址、晋国铸铜遗址)、5座博物馆(山西省博物院、丁村民俗博物馆、侯马市古都博物馆、河南三门峡虢国博物馆、洛阳古墓博物馆)、8处古代建筑(群)(天龙山石窟、晋祠、平遥古城、镇国寺、青龙寺、金代建筑大悲院、解州关帝庙、芮城永乐宫)。

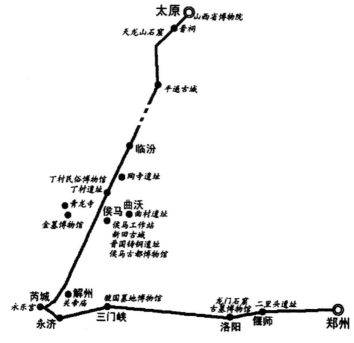

2009年第二届考古夏令营路线图(太原—洛阳)与沿途考察地点

2010年第三届考古夏令营

与浙江省文物考古研究所和良渚博物院联合主办。

参观考察的地点有:良渚博物院、良渚古城(城墙、反山王陵、莫角山宫殿遗址)、茅山遗址、玉架山遗址发掘现场、浙江省博物馆、西湖、雷峰塔遗址、南宋官窑博物馆、丝绸博物馆、绍兴印山越王陵、鲁迅故居、河姆渡遗址、田螺山遗址和工作站、慈溪博物馆、上林湖越窑遗址。

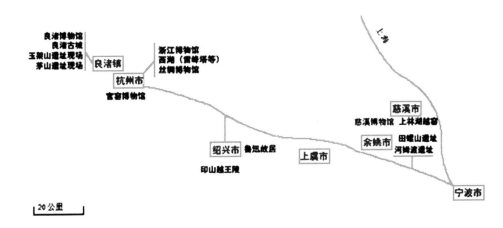

2010年第三届考古夏令营路线图(杭州—宁波)与沿途考察地点

2011年第四届考古夏令营

分为两条路线：常规线路（北京—河南线）；专题线路（浙江线）。常规线路在北京、河北、河南三省市展开考察，沿途考察了河北定窑遗址、正定隆兴寺、邯郸南响堂山石窟、赵王城遗址公园、安阳殷墟、中国文字博物馆、新郑博物馆、河南博物院、郑州樱桃沟遗址、巩义康百万庄园等十余处遗产地和博物馆。营员们还在获得2010年"全国十大考古发现"的郑州望京楼考古工地进行了基本的田野考古实践和学习，并与北大附中河南分校的百余名师生进行了交流。

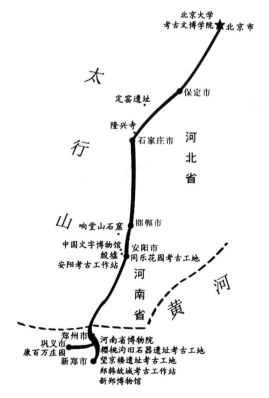

2011年第四届考古夏令营路线（北京—河南线）与沿途考察地点

专题路线（浙江线）考察了良渚博物院、良渚玉文化园、良渚古城、浙江河姆渡博物馆、田螺山遗址现场馆、中国丝绸博物馆、杭州南宋官窑博物馆等十余处遗产地和博物馆。其间，还聆听了西湖申遗故事和南宋临安城布局的讲座。夏令营还在玉架山遗址考古工地、安吉汉墓考古工地，进行田野考古实践和学习。此外，还走访了田螺山、安吉考古工作站，了解考古人的生活和田野考古的室内工作。

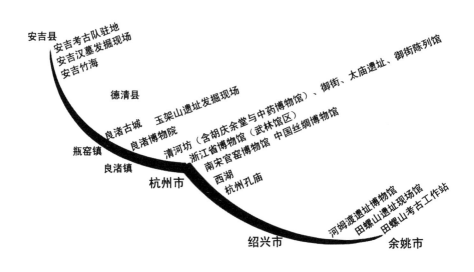

2011年第四届考古夏令营路线（浙江线）与沿途考察

第五届考古夏令营

与上一届考古夏令营同样是两条线路：四川线先后参观了广汉三星堆遗址、成都金沙遗址、四川省博物院、王建墓（永陵博物馆）、乐山大佛、宜宾向家坝遗址、李庄古镇、酒坊遗址、自贡恐龙博物馆等，并在三星堆外围遗址进行了田野发掘体验。

浙江良渚线先后参观浙江省良渚博物院、良渚古城（莫角山宫殿、瑶山墓地、古城城墙）、良渚文化遗址发掘现场、中国丝绸博物馆、杭州南宋官窑博物馆、河姆渡遗址、田螺山遗址等。

这次夏令营规模空前，一方面激发了大家对于考古的热情，另一方面也推动了夏令营活动的开展。

五届全国中学生考古夏令营营员名单

2008年第一届

姓名	学校	备注
安宁	北京四中	
包晓悦	浙江绍兴一中学	
蔡芃芃	汕头市金山中学	
陈必佳	苏州中学	
陈楚羚	福建福州一中	
陈嘉毅	汕头市金山中学	
程夕珈	成都二十中	
崔盼盼	浙江台州书生中学	
杜文萱	山东日照一中	
方同舟	浙江台州中学	
高智鑫	西安	
郭旭	成都二十中	
韩陈萍	浙江绍兴一中学	
合一沙	北京四中	
侯林	山东日照一中	
胡特妮	汕头市金山中学	
黄永友	广东华南师大附中	老师
解心怡	西安高新一中	
金克毅	浙江绍兴一中学	
李佳南	北京四中	
李蕾	浙江绍兴一中学	
李浏清	山东淄博实验中学	
李梦	浙江台州书生中学	
李晴	安徽师范大学附中	
李思琪	北京四中	

梁静远	西安高新一中	
廖佳彬	福建福州一中	
林媛媛	浙江台州中学	
刘斐	广东华南师大附中	
刘开洋	河南濮阳一中学	
刘炜佳	广东华南师大附中	
刘昱欣	北京四中	
路意	山东淄博实验中学	
吕国安	广东华南师大附中	
吕文	山东日照一中	
罗劼	广东华南师大附中	
潘苗青	山东淄博实验中学	
邱韬	浙江台州书生中学	
任泰稼	山东日照一中	
上官芷瑄	苏州中学	
沈超群	浙江嘉兴一中	
沈雨辰	浙江嘉兴一中	
孙沛阳	上海七宝中学	
陶珈锌	浙江台州书生中学	
涂思聪	成都二十中	
汪信语	苏州中学	
王碧云	浙江台州书生中学	
王盾	天津城关中学	
王菲杭	福建福州一中	
王婧娅	开封高级中学	
王逸骐	浙江台州中学	
吴文豪	福建福州一中	
邢玥蕾	苏州中学	
徐雁	北京四中	老师
杨柳	山东淄博实验中学	
姚淼	浙江嘉兴一中	
叶文博	山东淄博实验中学	
于青瑶	山东淄博实验中学	
张保卿	河南濮阳一中学	

张冰清	浙江台州中学	
张传磊	山东日照一中	
张丽	成都二十中	
张王高娃	浙江台州中学	
张晓雨	山东淄博实验中学	
张欣	河北保定一中	
张彦松	浙江台州中学	
赵雅楠	北京四中	
赵涨	浙江省温岭中学	
周杨	山西大学附中	
朱虹	广东华南师大附中	

2009年第二届

姓名	学校	备注
蔡思雨	西安高新一中	
曹安琪	山东日照一中	
陈畅	北京101中学	
陈现	绵阳东辰国际学校	
陈哲扬	北京101中学	
程翔	河南林州市一中	
邓骁	河北玉田第一中学	
丁峰	西安交大附中	老师
丁静	山东日照一中	
董方奇	郑州第一中学	
董蕾	河南林州市一中	
董昕	石家庄一中	
杜旭颖	山西师大附中	
方洁	河南林州市一中	
方乐	浙江台州中学	
方若冰	北京师大二附中	
房舒	山东邹平第一中学	

高莉贤	河南林州市一中	
郭肇一	郑州第一中学	
何彦坤	山西师大附中	
黄菁菁	北京陈经纶中学分校	
黄禹婷	河北保定外国语学校	
江皇甫	郑州第一中学	
姜诗彧	河南新乡第一中学	
金佳	西安交通大学附中	
金太阳	北京 161 中学	
景伊之	广州执信中学	
柯奇铭	浙江台州中学	
李奥琛	西安高新一中	
李畅	大庆实验中学	
李栋梁	河南郑州	
李佳琪	北大附中	
李健	华南师大附中	老师
李京燕	北京四中	老师
李靓萍	抚顺二中	
李诺雅	北京四中	
李舒欣	西安交通大学附中	
李喆	石家庄一中	
李珍	山东日照一中	
李铮	辽宁大连育明中学	
梁倩	北京四中	
梁訾超	山东日照一中	
刘 敏	华南师大附中	老师
刘楚芫	绵阳东辰国际学校	
刘方舟	抚顺二中	
刘容天	河南新乡第一中学	
刘睿	西安交通大学附中	
刘炜	山东邹平第一中学	
刘一苇	石家庄一中	

刘宜	北大附中
刘意	华南师范大学附属中学
刘毅昆	河南新乡第一中学
刘韵子	华南师范大学附属中学
卢悦龄	华南师范大学附属中学
鲁家瑶	广东仲元中学
吕怡然	华南师范大学附属中学
罗航	西安交通大学附中
明月	山东日照一中
戚裴诺	北京理工大学附中
乔苏婷	北京十一学校
邱天	郑州第一中学
权红	西安交通大学附中
佘栋	山西省榆次第一中学
申珅	陕西师大附中
史元灏	广州执信中学
苏金棣	北大附中
孙碧洋	北京四中
孙昳倩	江苏铜山县郑集高级中学
孙一奇	北京四中
童凌鹜	浙江宁波中学
汪榆淼	浙江台州中学
汪宇琪	北京交通大学附中
王盾	山东省青岛58中
王睿瑀	抚顺二中
王晓兰	河南林州市一中
王洋洋	山东邹平第一中学
王依松	大庆实验中学
王亦如	河南新乡第一中学
卫研姝	大庆实验中学
吴卉	华南师范大学附属中学

吴敏	华南师范大学附属中学	
肖博宇	大庆实验中学	
谢一苇	绵阳东辰国际学校	
徐逸珊	上海回民中学	
杨惠文	抚顺二中	
叶汝雯	浙江温州中学	
于晨琦	大庆实验中学	
张驰	西安高新一中	
张凡	西安高新一中	
张喆祥	山西师大附中	
赵戈阳	西安高新一中	
赵亮	石家庄一中	
赵珊	河南林州市一中	
赵子南	抚顺二中	
郑秋宇	河南林州市一中	
支艳莉	西安高新一中	老师
周航	西安高新一中	
周嘉禾	浙江台州中学	
周易	北京市一佳高级中学	
朱鑫琳	山东邹平第一中学	

2010年第三届

姓名	学校	备注
常悦	河南省开封高级中学	
陈熙	江苏淮阴中学	
陈杨	山西省长治市太行中学	
陈雨伦	江苏省东海高级中学	
陈圆媛	华中师范大学第一附属中学	
程子豪	山西太原	
程自东	重庆鲁能巴蜀中学	
初沁莹	大连育明中学	

代瀚锋	重庆巴蜀中学	
丁子荃	西安高新第一中学	
董逸恬	重庆一中	
杜九如	南京市第一中学	
冯　玥	山西太原五中	
冯永锋	华南师范大学附中（高一）	
付培文	重庆第二外国语学校	
高　颖	重庆第二外国语学校	
高一凡	山西阳泉市一中	
顾晓雅	内蒙古自治区赤峰市松山区红旗中学	
郭以咸	北大附中	
杭庆华	北大附中	
杭赛强	江苏省宜兴中学	老师
郝博然	北京顺义牛栏山一中	
黄菁菁	北京市陈经纶中学分校	
黄晓莺	北大附中	
黄欣雨	重庆一中	
黄永友	华南师大附中	老师
霍光耀	郑州外国语学校	
江　涵	湖北省黄冈中学	
江穹慧	青岛市城阳第一高级中学	
姜　瀚	上海市进才中学	
姜　健	江苏省沭阳高级中学	老师
焦永秋	重庆第二外国语学校	
颉全宁	太原五中	老师
金柏含	内蒙古自治区赤峰市松山区红旗中学	
可　鼎	北大附中	
李　桦	内蒙古自治区赤峰市松山区红旗中学	
李　凯	内蒙古自治区赤峰市松山区红旗中学	
李　炀	河南省罗山高级中学	
李淳刚	西安高新第一中学	老师
李栋梁	郑州市四十七中学	
李牧耘	郑州外国语学校	
李维忠	山东省日照第一中学	老师

李晓婵	北大附中	
李毅利	重庆第二外国语学校	
梁相宜	重庆鲁能巴蜀中学	
梁笑冬	河南省开封高级中学	
林诗妍	华南师范大学附中	
刘　克	江苏省沭阳高级中学	
刘　雷	邹平县第一中学	
刘　莉	华南师大附中（自费）	老师
刘　伟	华南师大附中	老师
刘晨晨	华中师范大学第一附属中学	
刘庆一	重庆鲁能巴蜀中学	
刘思漱	北大附中	
刘燕婷	北京市第171中学	
娄　婕	江苏省泗洪中学	老师
吕　叶	山东省莱芜第一中学	
罗菁	重庆一中	
马子威	上海市进才中学	
皮子慧	湖北省黄冈中学	
齐秋桦	人大附中	
秦　升	江苏省泗洪中学	
饶　霞	四川外国语学院重庆第二外国语学校	老师
邵立波	安徽蚌埠第二中学	
石　丹	河南省商丘市第二高级中学	
寿梓沣	北大附中	
斯　远	浙江省诸暨市草塔中学	
宋　壮	邹平县第一中学	
宋可悦	东北育才学校	
孙　娟	大连育明高级中学	老师
孙　瑞	江苏淮阴中学	
孙梦璠	西安高新第一中学	
孙艺涵	内蒙古自治区赤峰市松山区红旗中学	
谭　方	西安市铁一中学国际合作学校	老师
王　楠	华南师范大学附中	
王　研	湖北省黄冈中学	

王杜星	华中师范大学第一附属中学	
王慧敏	江苏省宿迁中学	
王继妮	北京四中	
王婧思	北京四中	
王居烨	浙江省绍兴市第一中学	
王乐韬	山西省实验中学	
王琳菲	河北正定中学	
王天艺	北京工业大学附中	
王小溪	江苏省宿迁中学	
王雅祺	大连育明中学	
吴夕源	上海市进才中学	
吴馨如	北大附中	
向心怡	重庆巴蜀中学	
肖　笛	河北省保定学院历史系	
肖春晖	重庆第二外国语学校	
徐　雁	北京四中	老师
许昌	无锡市第三高级中学	
薛　平	北京四中	
薛金浩	江苏省东海高级中学	
杨　迪	江苏省沭阳高级中学	
杨黄石	福州一中	
杨逸舒	大连育明中学	
姚　煜	山东省实验中学	
余新斌	上海市进才中学	老师
喻　林	湖北省黄冈中学	老师
袁志慧	河北正定中学	
张　锐	江苏省沭阳高级中学	
张　潇	北京市第二中学	
张安琪	山东省莱芜第一中学	
张嘉祺	北京顺义牛栏山一中	
张瑾丹	山西太原五中	
张婧祎	北京四中	
张君榕	人大附中（研究生院老师）	
张克平	江苏省宿迁中学	老师

张礼陶	北大附中	
张理耕	大连育明中学	
张明珍	内蒙古赤峰市红旗中学	老师
张仕发	山东省莱芜市第一中学	老师
张岩山	西安铁一中学国际合作学校	
张子烜	河北省实验中学	
赵春辉	河南省郑州市第一中学	
赵星星	江苏省宿迁中学	
赵雨婷	北京四中	
赵雨阳	大连36中	
郑 达	东莞市虎门外语学校	
郑之钰	牛栏山一中实验学校高一	
周 欣	河南省平顶山市第一中学	
周雪薇	山西太原五中	
周子麒	长沙市长沙县第一中学	
朱晨歌	山东省莱芜第一中学	
朱佳懿	西安航天中学	
朱梦莉	河南省商丘市第二高级中学	
祝 杰	湖北省应城市第一高级中学	

2011年第四届

姓名	学校	线路选择	备注
敖韵遥	重庆市第八中学	浙江线	
陈晨晨	河南省滑县第一高级中学	浙江线	
陈明婧	重庆市第一中学	浙江线	
陈砂杉	四川外语学院重庆第二外国语学校	浙江线	
陈䦎	北京师大二附中	浙江线	
陈扬	陕师大附中	浙江线	
褚天舒	重庆市第八中学	北京—河南线	
代思含	重庆市巴蜀中学	北京—河南线	
单子琪	河北省秦皇岛市第一中学	浙江线	
邓航	重庆市南开中学	浙江线	

姓名	学校	线路	备注
丁悦辰	清华大学附属中学	浙江线	
董永进	山东寿光现代中学	北京—河南线	
杜雨卉	人民大学附中	浙江线	
范德良	江苏省沭阳高级中学	北京—河南线	
范鸣佳	上海师范大学剑桥国际中心	浙江线	
范绮芹	华南师范大学附属中学	北京—河南线	老师
范鑫	山东省昌邑市第一中学	北京—河南线	
冯索菲	郑州外国语学校	北京—河南线	
冯亦鲁	北京35中学	北京—河南线	
冯雨馨	西安铁一中学	浙江线	
伏晓山	江苏省泗阳中学	北京—河南线	
甘楚巾	重庆市南开中学	浙江线	
高宇星	哈尔滨市第三中学	北京—河南线	
高悦坤	山东省实验中学	北京—河南线	
葛宇光	辽宁省大连市育明高中	浙江线	
谷莎菲	西安市铁一中学	北京—河南线	
郭士嘉	河南省安阳市林州市第一中学	北京—河南线	
郭紫荆	上海市曹杨第二中学	浙江线	
韩天雪	中国人民大学附属中学	北京—河南线	
韩雪	辽宁省大连市育明中学	浙江线	
韩逸凡	华南师范大学附属中学	北京—河南线	
何佳鑫	江苏省淮阴中学	北京—河南线	
何家成	重庆市巴蜀中学	北京—河南线	
何康	漳浦一中	北京—河南线	
何林东	四川外语学院重庆第二外国语学校	浙江线	老师
何雨萌	绵阳东辰国际学校	北京—河南线	
洪泽华	辽宁省大连市育明高中	浙江线	
胡佳楠	长沙市雅礼中学	浙江线	
胡睿	乌鲁木齐市第101中学	北京—河南线	
胡晓雷	江苏省沭阳高级中学	浙江线	
胡晓璋	长沙市南亚中学	北京—河南线	
胡亚伟	江苏省沭阳高级中学	浙江线	老师
胡智洋	包头市第一中学	北京—河南线	
黄汉卿	黔南田家炳中学(都匀二中)	浙江线	

姓名	学校	线路	
黄凰	江西省吉安市第一中学	浙江线	
黄进	湖北省应城市第一高级中学	北京—河南线	
黄秋实	山东省枣庄市第八中学	北京—河南线	
吉倩倩	江苏省沭阳高级中学	北京—河南线	
季宇	江苏省沭阳高级中学	浙江线	
贾轶群	山东寿光现代中学	北京—河南线	
贾云涛	山东省邹平县第一中学	浙江线	老师
姜健	江苏省沭阳高级中学	北京—河南线	老师
蒋锦桐	北京四中	浙江线	
蒋梦婕	重庆第八中学	北京—河南线	
蒋燕楠	闵行中学	浙江线	
蒋一智	华南师范大学附属中学	北京—河南线	
旷小龙	重庆市巴蜀中学	浙江线	
李芳华	长沙市南亚中学	北京—河南线	
李嘉恒	北京大学附属中学	浙江线	
李琳	山东省寿光市第一中学	北京—河南线	
李美瑶	上海市控江中学	浙江线	
李梦圆	河南省安阳市第一中学	北京—河南线	
李明聪	山东省枣庄市第八中学	浙江线	
李南依	辽河油田第一中学	浙江线	
李佩玲	重庆市第一中学	浙江线	
李秋勉	郑州外国语学校	北京—河南线	
李秋逸	郑州外国语学校	北京—河南线	
李若然	北师大实验中学	北京—河南线	
李少涌	山东省寿光市第一中学	北京—河南线	
李文强	山东省寿光市第一中学	北京—河南线	
李雪	北京市第八十中学	北京—河南线	
李雪然	西安交通大学附属中学	浙江线	
李怡君	河南省安阳市第一中学	浙江线	
李艺文	河北衡水中学	浙江线	
李懿君	北京师范大学大学第二附属中学	浙江线	
李玥	莱州一中	北京—河南线	
李泽浩	北京十一学校	北京—河南线	
李卓雅	湖北省襄阳市第五中学	北京—河南线	

连晨超	郑州外国语学校	北京—河南线	
林子佳	绵阳中学	浙江线	
刘春彤	山东省莱州市第一中学	北京—河南线	
刘慧雯	山东省青岛第二中学	北京—河南线	
刘金姬	辽宁省大连市育明高中	浙江线	
刘京闽	北京四中	浙江线	老师
刘凌子	首都师范大学附属育新学校	北京—河南线	
刘柳卓艺	北京市第二中学	浙江线	
刘露露	浙江省台州中学	北京—河南线	
刘庆松	江苏省泗阳中学	北京—河南线	
刘若倩	四川外语学院重庆第二外国语学校	浙江线	
刘赛德	江苏省泗阳中学	北京—河南线	
刘澍丰	上海市进才中学	北京—河南线	
刘新宇	山东省安丘第一中学	北京—河南线	
刘雅彤	天津市第一中学	浙江线	
刘钰懿	重庆市南开中学	浙江线	
刘允臻	重庆市南开中学	浙江线	
刘峙学	北京师范大学二附中	北京—河南线	
龙俞伶	重庆南开中学	浙江线	
卢星吉	重庆市第一中学	浙江线	
陆烨菲	江苏省靖江市高级中学	北京—河南线	
路英豪	山东省莱芜市第一中学	北京—河南线	
马浩宁	北京四中	浙江线	
马吉童	北京师范大学附属中学	北京—河南线	
马梦垚	郑州外国语学校分校	北京—河南线	
马思聪	大连第五中学	北京—河南线	
马一琴	北京四中	浙江线	
毛天恩	江苏省淮阴中学	北京—河南线	
密惟嘉	北京市十一学校	北京—河南线	
牛周周	江苏省宿迁中学	浙江线	
潘经纬	江苏省上冈高级中学	北京—河南线	
庞贻丹	重庆市第一中学	浙江线	
裴时俊	四川外语学院重庆第二外国语学校	浙江线	
彭姝	江苏省上冈高级中学	北京—河南线	

彭依然	红岭中学	北京—河南线
亓达	山东省莱芜市第一中学	北京—河南线
齐鹏飞	山东省枣庄市第八中学南校	北京—河南线
钱玢	上海市实验学校	浙江线
邱四平	深圳教育国际交流学院	北京—河南线
曲琳	辽宁省大连市第二十四中学	北京—河南线
任贵荣	山东广饶一中	北京—河南线
任钟皓	重庆市南开中学	浙江线
盛洁	清华大学附属中学	浙江线
盛嗣洁	重庆市南开中学	浙江线
施昱盟	北京师范大学附属实验中学	北京—河南线
史梦奇	太原市第五中学	北京—河南线
舒禧悦	四川外语学院重庆第二外国语学校	浙江线
宋可悦	东北育才学校	北京—河南线
宋唐子悦	重庆市巴蜀中学	浙江线
宋义铭	郑州外国语学校	北京—河南线
苏光锦	山东东营一中	北京—河南线
苏菡乔	山东省淄博市第一中学	北京—河南线
孙琛	山东省枣庄八中北校	北京—河南线
孙昊	江苏省淮阴中学	北京—河南线
孙蔚	山西大学附属中学	北京—河南线
汤迪	南昌县莲塘一中	北京—河南线
唐佳琪	北京八中	北京—河南线
唐袁嫒	绍兴一中	浙江线
田豆	重庆市巴蜀中学	北京—河南线
万正善	江苏省淮阴中学	北京—河南线
王楚昭	北京师范大学附属实验中学	北京—河南线
王杰	邹平县第一中学	浙江线
王婧	辽河油田第一中学	浙江线
王敬	河南省安阳市林州市第一中学	北京—河南线
王凯	湖北省应城市第一高级中学	北京—河南线
王冕	四平市第一高级中学	北京—河南线
王莫然	北京市通州区潞河中学	北京—河南线
王秦岭	山西省临汾市第一中学	北京—河南线

姓名	学校	线路
王茹钰	山东省青岛市城阳第一高级中学	浙江线
王思萌	北京大学附属中学	浙江线
王天予	河南省安阳市林州市第一中学	北京—河南线
王新宇	包头市第一中学	北京—河南线
王野	西安市铁一中学	北京—河南线
王一然	山东省临沂第一中学	北京—河南线
王宇	山东省安丘第一中学	北京—河南线
王子达	湖北省钟祥市第一中学	北京—河南线
韦鑫	河南省安阳市第一中学	浙江线
翁雪妍	重庆市南开中学	浙江线
吴博石	北京大学附属中学	浙江线
吴虹烨	华南师大附中	浙江线
吴松仪	华南师范大学附属中学	北京—河南线
吴闻达	北师大二附中	北京—河南线
夏东孙	湖北省钟祥市第一中学	北京—河南线
夏姣婕	江苏省靖江市高级中学	北京—河南线
夏子涵	重庆市巴蜀中学	浙江线
肖云柯	北京理工大学附属中学	浙江线
徐烨烽	北京八中	北京—河南线
许静怡	湖北省应城市第一高级中学	浙江线
杨帆	杭州第二中学	北京—河南线
杨华茜	辽河油田第一中学	浙江线
杨觐龙	北京大学附属中学	北京—河南线
杨宁雪	大连市第二十四中学	北京—河南线
杨清	北京市建华实验学校	浙江线
杨天齐	曲阜师范大学附属中学	北京—河南线
杨旭	江苏省运河中学	北京—河南线
杨颖	四川省江油市第一中学	浙江线
杨禹茜	包头市第一中学	北京—河南线
杨玉宝	江苏省泗洪中学	北京—河南线
杨智滔	辽河油田第一中学	浙江线
姚驰	天津耀华中学	北京—河南线
姚育青	北京大学附属中学	浙江线
尹大伟	山东省昌邑市第一中学	北京—河南线

姓名	学校	线路
尹思琳	北京十一学校	北京—河南线
于成亮	河南省安阳市林州市第一中学	北京—河南线
于漪	山东省寿光市第一中学	北京—河南线
郁环宇	江苏省沭阳高级中学	北京—河南线
郁欣怡	上海市建平中学	北京—河南线
袁洁	江苏省宿迁中学	北京—河南线
苑云童	山东省淄博市实验中学	浙江线
曾云天	东莞中学松山湖学校	浙江线
张超凡	西安交通大学附属中学	浙江线
张楚晗	北京市十一学校	北京—河南线
张帆'	北京市通州区潞河中学	北京—河南线
张华	华南师范大学附属中学	北京—河南线
张慧敏	武汉市第六中学	浙江线
张佳阳	北京四中	浙江线
张家仪	长沙市南亚中学	北京—河南线
张嘉俊	北京市第四中学	浙江线
张凯旋	江苏省泗洪中学	北京—河南线
张鹏飞	北京市101中学	北京—河南线
张舒宁	山东省实验中学	浙江线
张烜赫	山东省龙口第一中学	浙江线
张雅婷	江苏省宿迁中学	北京—河南线
张瑶	重庆市巴蜀中学	浙江线
张漪	深圳实验学校高中部	北京—河南线
张亦弛	北京大学附属中学	浙江线
张亦驰	长沙市南雅中学	北京—河南线
张雨荷	四川外语学校重庆第二外国语学校	浙江线
张园园	江苏省运河中学	北京—河南线
张哲颖	福建省厦门市双十中学	浙江线
章杰怡	江苏省沭阳高级中学	浙江线
赵海晨	西安市铁一中学	北京—河南线
赵慧君	湖北省襄阳市第五中学	北京—河南线
赵灵斐	邹平县第一中学	浙江线
赵梦遥	建华实验学校	北京—河南线
赵文菲	北京市第八中学	北京—河南线

姓名	学校	线路选择
赵鑫	江苏省靖江高级中学	北京—河南线
赵越	山东寿光现代中学	北京—河南线
赵芸曦	北大附中河南分校	北京—河南线
赵忠义	江苏省宿迁中学	浙江线
郑丰	重庆市巴蜀中学	浙江线
郑娜娜	济南大学	浙江线
郑淑凤	邹平县第一中学	浙江线
郑怡人	北京师范大学附属中学	北京—河南线
郑之钰	北京牛栏山一中	北京—河南线
周畅	江苏省泗阳中学	北京—河南线
朱筱涵	重庆市南开中学	浙江线
朱源	西安交通大学附属中学	浙江线
朱芸阁	北京市第二中学	北京—河南线
邹德龙	中国人民大学附属中学分校	北京—河南线

2012年第五届

姓名	学校	线路选择	备注
敖雅萱	湖北省武汉中学	浙江线	
白俊	重庆市第一中学校	浙江线	
曹琦	山西省长治市长治学院附属太行中学	四川线	
陈红	四川省宜宾市第三中学校	四川线	
陈颉	华南师范大学附属中学	四川线	
陈靖宜	江苏省泗洪中学	四川线	
陈睿	江苏省响水中学	浙江线	
陈雅芬	福建省漳州实验中学	四川线	
杜雅端	山东省聊城市高唐县第一中学	四川线	
段涛	重庆第二外国语学校	浙江线	
方欣	江苏省苏州中学园区校	浙江线	
关梦龙	河南省襄城高中	四川线	
桂祎明	天津海河中学	四川线	
郭勉	珠海市第一中学	四川线	
郭爽	北京师范大学附属实验中学	浙江线	
郭文军	江苏省上冈高级中学	浙江线	

韩礼雷	江西省上饶县中学	浙江线
侯钡	江苏省靖江高级中学	浙江线
胡凯	山西省新绛中学	浙江线
华夏雨	四川省宜宾市第三中学校	四川线
黄龙坤	重庆市巫山中学	四川线
解元	江苏省宝应中学	四川线
孔维	重庆市秀山高级中学	浙江线
李国忠	江苏省泗洪中学	四川线
李浪	重庆第二外国语学校	浙江线
李一杨	北京四中	浙江线
李政	山东省临沂一中	四川线
李卓阳	郑州外国语学校	四川线
梁舒适	广东实验中学	四川线
梁子奇	北京海淀实验中学	四川线
林山山	江苏省泗阳中学	四川线
林镇国	福建省厦门双十中学	四川线
刘根	重庆市梁平县梁平中学	四川线
刘恒瑞	山东省泰安第一中学	浙江线
刘树杰	沈阳市第二中学	浙江线
刘硕	河北省沙河市第一中学	四川线
刘思达	河南省开封高级中学	四川线
刘文田	福建省漳浦县第一中学	四川线
刘炫圻	福建省厦门双十中学	浙江线
马望博	江苏省宿迁中学	浙江线
马振月	河南省辉县市第一高级中学	四川线
苗寿超	江苏省宝应中学	浙江线
牛欣欣	长春吉大附中实验学校	浙江线
潘悦	重庆市育才中学校	四川线
任林梅	江苏省沭阳高级中学	浙江线
阮天玥	首都师范大学附属中学	四川线
史飞麟	江苏省丹阳高级中学	浙江线
宋悦	山东寿光现代中学	浙江线
孙浅予	浙江省镇海中学	四川线
孙彤	北京四中	浙江线

姓名	学校	线路
孙小程	大石桥市高级中学	四川线
孙钰程	江苏省淮阴中学	浙江线
唐有艺	重庆市第十八中学	浙江线
王静雪	葫芦岛市第一高级中学	浙江线
王凭轼	北京人大附中	浙江线
王尧	江苏省阜宁中学	四川线
王卓然	中国人民大学附属中学	四川线
吴碧影	陕西省西安中学	浙江线
谢若兰	重庆市巴蜀中学	浙江线
徐逗秋	江苏省宿豫中学	浙江线
徐愫	江苏省运河中学	浙江线
徐晓美慧	山东省实验中学	四川线
徐艺	江苏省致远中学	浙江线
严靖峰	海南中学	浙江线
杨宪民	河南省沁阳市第一中学	四川线
杨洋	湖北省武昌实验中学	浙江线
张晨星	陕西省宝鸡中学	四川线
张涵景智	山东省邹城市第一中学	四川线
张鸿鸣	山东省泰安第一中学	四川线
张嘉麟	河南省濮阳市油田第一中学	四川线
张琪	江苏省射阳中学	浙江线
张天奇	上海市民立中学	浙江线
张文瀚	北京161中学	浙江线
张薪	山西省朔州市怀仁大地学校	四川线
张馨月	山东省临清市第一中学	浙江线
张之宁	山东省邹平县第一中学	四川线
张智善	山东省邹平县第一中学	四川线
赵灿华	河南省商丘市第一高级中学	浙江线
赵金山	江苏省沭阳高级中学	四川线
赵一燊	江苏省宿迁中学	四川线
赵瑜玥	辽宁鞍山市第一高级中学	浙江线
赵子超	西安市高新第一中学	浙江线
周凯华	河南省沁阳市第一中学	四川线
周夕佳	北京八中	浙江线

姓名	学校	线路
周月	江苏省沭阳高级中学	四川线
周振家	河南省安阳市第一中学	四川线
朱大春	江苏省泗阳中学	浙江线
朱奕锦	河南省郑州市第一中学	四川线
祝继昌	山东省东营市胜利第一中学	浙江线
邹轶	重庆市育才中学校	四川线
白丁旭	重庆市巴蜀中学	四川线
毕墨	江苏省阜宁中学	浙江线
蔡文佳	华南师范大学附属中学	四川线
仓浩翔	江苏省泗洪中学	四川线
陈奇奇	江苏省滨海中学	浙江线
陈强	重庆市铜梁县铜梁中学校	浙江线
陈秋如	四川省宜宾市第三中学校	四川线
陈新禹	北京八中	浙江线
陈瑶	江苏省宿迁中学	四川线
段云涛	山西省新绛中学	浙江线
冯添	西北工业大学附属中学	四川线
苟鸿彪	陕西省宝鸡中学	
郭文翰	内蒙古一机集团第一中学	四川线
郭洋梦莎	中国人民大学附属中学	四川线
郝子焕	河南省林州市第一中学	四川线
何昱洋	华南师范大学附属中学	四川线
胡佳	四川外语学院重庆第二外国语学校	浙江线
胡敏	重庆市酉阳第一中学校	浙江线
胡晓妍	江苏省沭阳高级中学	浙江线
黄馨雨	成都七中	浙江线
黄永梁	浙江省绍兴县鲁迅中学（柯桥校区）	四川线
蒋镕蔚	江苏省响水中学	浙江线
康然	北京市清华大学附属中学	浙江线
赖凯欣	顺德一中高中部	浙江线
赖文鹏	大连市育明高中	浙江线
李孟可	河南省襄城高中	四川线
李沁宇	华中师范大学第一附属中学	浙江线
李璇	山东省邹平县第一中学	四川线

姓名	学校	线路
廖嘉祈	北京四中	浙江线
刘慧侬	东北师范大学附属中学	四川线
刘佳佳	重庆市梁平县梁平中学	四川线
刘威麟	北京市第一零九中学	四川线
刘雨宁	北京师范大学附属中学	浙江线
刘珠曼	四川省成都市龙泉一中	四川线
吕沭阳	江苏省沭阳高级中学	浙江线
罗亨昊	甘肃省兰州第一中学	四川线
莫琳	重庆第二外国语学校	浙江线
潘金亭	江苏省姜堰中学	浙江线
彭号阳	四川省宜宾市第三中学校	四川线
彭逸	重庆市育才中学校	四川线
乔博	江苏省沭阳高级中学	浙江线
秦琳	山东省邹城市第一中学	四川线
曲浩田	山东省青州二中	四川线
冉有	西北工业大学附属中学	浙江线
任天然	河南洛阳理工学院附中	四川线
沈琳琳	大石桥市高级中学	四川线
宋石玮	山东省实验中学	四川线
孙方舟	河南省淮阳中学	浙江线
谭易成	江苏省靖江高级中学	浙江线
唐津京	重庆市梁平县梁平中学	四川线
田笑萌	北京四中	浙江线
汪奎	湖北省应城市第一高级中学	四川线
王承旭	安徽省繁昌县第一中学	浙江线
王梦缘	湖北省恩施州巴东县第一中学	四川线
王铭钰	江苏省天一中学	浙江线
王鹏宇	西北工业大学附属中学	四川线
王挺	浙江金华第一中学	四川线
王兆宇	重庆市第一中学	浙江线
肖意达	清华附中朝阳学校	浙江线
徐昊钰	北京市育英中学	浙江线
阎敦辰		
颜晔	江苏省建湖高级中学	浙江线

姓名	学校	线
晏英豪	四川省成都市龙泉一中	四川线
燕蕾	山东寿光现代中学	浙江线
杨子石	山东省实验中学	四川线
姚子骁	北京市第一零一中学	浙江线
曾怡	四川省成都市龙泉一中	四川线
张敏	河南省沁阳市第一中学	四川线
张蕴	大石桥市高级中学	浙江线
张泽玥	北京四中	四川线
张子晴	中国人民大学附属中学	四川线
赵霖	北京市十二中	浙江线
郑雨珊	西安铁一中	四川线
仲秋	江苏省沭阳高级中学	四川线
周展伊	浙江省余姚中学	浙江线
祝剑文	上海市实验学校	浙江线
宗萌玉	河南省濮阳市油田第一中学	四川线
巴宁宁	浙江省桐乡高级中学	浙江线
曹枫	江苏省射阳中学	浙江线
曹惠	江苏省盱眙中学	浙江线
陈天钦	重庆市秀山高级中学	浙江线	老师
陈玥		
成从豪	盐城市第一中学	浙江线
崔丹妮	大连市育明高中	浙江线
崔景云	山西省新绛中学	浙江线
单海格	辽宁省东北育才双语学校	浙江线
单天翼	北京市朝阳外国语学校	四川线
丁惠	浙江省义乌中学	浙江线
丁旭	江苏省致远中学	四川线
付振	江苏省泗阳致远中学	浙江线
高九州	四川省乐山市第一中学校	四川线
葛雅妍		
龚晓禹	浙江省杭州市学军中学	四川线
管子元	江苏省丹阳高级中学	浙江线
郭瑜颖	重庆市秀山高级中学	浙江线
韩梅	首都师大学附属中学	浙江线

贺朝	湖北省黄冈中学	四川线	
贺一冉	河南省郑州市回民中学	四川线	
胡科	湖南省长沙市雅礼中学	四川线	
胡雅慧	华南师范大学附属中学	四川线	
黄梅	重庆市巫山中学	四川线	
黄茜	四川省宜宾市第三中学校	四川线	
黄妍笑	江苏省宝应中学	四川线	
黄雨波	江苏省姜堰中学	浙江线	
吉以超			
姜健	江苏沭阳高级中学		老师
金禹含	长春吉大附中实验学校	四川线	
来冯杰			老师
李佳浓	吉林省松原市实验高级中学	浙江线	
李佳琦	江苏省运河中学	四川线	
李金锦	山东省临沂市第一中学	四川线	
李明赞	北京四中	四川线	老师
李明珠	江苏省盱眙中学	浙江线	
李秋实	安徽省宿城第一中学	四川线	
李若白	河南师大附中河南分校	四川线	
李欣	湖南师大附中	浙江线	
梁冬泉	江苏省淮阴中学	浙江线	
刘德祥			
刘莉	华南师范大学附属中学	四川线	老师
刘旻	河南省辉县市第一高级中学	四川线	
刘伟	山东省邹平县第一中学	四川线	老师
刘奕伽	北京四中	四川线	
吕静	江苏省宝应中学	浙江线	
罗云舟	北京市第十二中学	四川线	
马琦琴	重庆丰都中学	浙江线	
毛青	重庆丰都中学	浙江线	
孟小强	浙江省绍兴县鲁迅中学（柯桥校区）	四川线	
穆笑笑	江苏省沭阳高级中学	浙江线	
商雨桐	河北省保定市第一中学	四川线	
孙亮	江苏省上冈高级中学	浙江线	

孙泽宇	辽宁省盘锦市高级中学	浙江线	
汤剑婷	江西省上饶市余干县余干中学	浙江线	
田苗苗	河南省濮阳市第一高级中学	浙江线	
田锡胜	江苏宝应中学	四川线	老师
万麟	重庆市第一中学	浙江线	
汪峻轩	华南师范大学附属中学	四川线	
汪麒麟	四川省成都市龙泉一中	四川线	
王广权	江苏省宝应中学	浙江线	老师
王竟成		四川线	
王鼐	江苏省宿迁中学	四川线	
王小伟	西北工业大学附属中学	浙江线	
王一丹	东北师范大学附属中学	浙江线	
王玉琪	北京市一零一中学	浙江线	
王月绮	华南师范大学附属中学	四川线	
王赟	重庆市梁平县梁平中学	四川线	
王云	江苏省宝应中学	四川线	
韦天灏	北大附中	浙江线	
卫芯欣	西安交通大学附属中学	浙江线	
魏伟	西安铁一中	浙江线	
魏伊霖	首都师范大学附属中学	四川线	
吴俊	重庆市铜梁县铜梁中学校	浙江线	
吴宇伦	陕西省西安中学	四川线	
向力	重庆市酉阳第一中学校	浙江线	
徐绍夫	重庆市梁平县梁平中学	四川线	
徐彦钧	清华附中国际部	四川线	
徐子涵	河北省张家口第一中学	四川线	
闫逸玮	河南省郑州外国语学校	四川线	
杨觐龙	北京大学附属中学	浙江线	
杨梦琪	内蒙古赤峰市红旗中学松山校区	浙江线	
杨文捷	广州市旅游商贸职业中学	浙江线	
姚书林	湖北省襄阳市第四中学	四川线	
叶金岩	山东省临清市第一中学	浙江线	
叶凯伦	浙江省余姚中学	浙江线	
尹小童	江苏省沭阳高级中学	浙江线	

姓名	学校	线路	备注
于东威	内蒙古赤峰市红旗中学松山校区	浙江线	
张礼陶	北京	四川线	
张倩倩	江苏省响水中学	浙江线	
张孙小大	西北工业大学附属中学	四川线	
张潇威	重庆第二外国语学校	浙江线	
张旭	陕西省西安中学	四川线	
张怡萱	西安市高新第一中学	浙江线	
张至谦	河南省新乡市第一中学	四川线	
章镜铭	四川省成都市列五中学	四川线	
赵鑫齐	浙江省绍兴县鲁迅中学（柯桥校区）	四川线	
郑清清	北京昌平二中		
郑歆煜	北京四中	四川线	
周天羽	江苏省南京市第一中学	四川线	
周玮璐	长春吉大附中实验学校	四川线	
周应奇	河南省辉县一中	四川线	老师
周雨	北大附中		
朱静娴	江苏省宝应中学	浙江线	
朱玉盘	山东省沂南县第一中学	四川线	
朱宗奎	江苏省上冈高级中学	浙江线	